예배의 흐름

Flow

예배의 흐름_ Flow
고대 예배를 현대 예배로 드리는 방법

초판1쇄 발행 2022년 1월 10일

지은이 레스터 루스(Lester Ruth) 외

번역 가진수
펴낸곳 ㈜글로벌워십미니스트리
편집 편집팀
디자인 미가엘

전화 070) 4632-0660
팩스 070) 4325-6181
등록일 2012년 5월 21일
등록번호 제 387-2012-000036호
이메일 wlm@worshipleader.kr

판권소유 ⓒ 도서출판 워십리더 2022
값 15,000원

ISBN 979-11-88876-46-4-03230

"도서출판 워십리더는 교회와 예배의 회복과 부흥을 위해 세워졌습니다. 예배전문 출판사로서 세계의 다양한 예배의 컨텐츠를 담아 문서선교의 사명을 감당할 것입니다. 한국교회의 목회자, 워십리더, 예배세션뿐만 아니라 모든 크리스천들이 하나님의 임재를 경험할 수 있도록 열정을 다하고 있습니다."

Copyright @ 2020 by Abingdon Press
Originally Published in English under the title FLOW by Abingdon
2222 Rosa L. Parks Boulevard, Nashville, TN 37228-1306
All right Reserved.

「이 한국어판의 저작권은 미국 Abingdon 출판사와의 독점 저작권 계약을 한 (주)글로벌워십미니스트리에 있습니다. 신 저작권법에 의해 한국 내에서 보호받는 저작물이므로 어떤 사유로도 무단전제와 복제를 할 수 없습니다.」
(Printed in Korea)

예배의 흐름

수준 높은
현대 예배를 드리기 위한
솔루션

레스터 루스 외
지음

차례

추천사 ··· 7
저자들 ··· 9
서론: 동맹의 부재로 인한 아이러니_레스터 루스(Lester Ruth) ········ 12

제 1 부 배경

제 1 장
고대 방식으로 드리는 현대 예배_ 레스터 루스(Lester Ruth) ········ 21
   순교자 저스틴 시대의 고대 현대 예배 순서
   고대에서 전통적인 예배로: 저스틴 시대 이후의 경로

제 2 장
흐름의 변화_ 재커리 반스(Zachary Barnes) ······························ 37
   현대 예배의 역사적 발달에 있어 흐름에 대한 관심
   현대 예배에 있어서 흐름의 중요성

제 2 부 생각의 전환

제 3 장
예배 순서란 무엇인가?_ 아담 페레스(Adam Perez) ······················ 57
   평범한 사람으로서 하나님께 예배 드리는 것
   관찰에서 행위로 : 4중 구조 순서

제 4 장

준비 과정을 다시 생각하기_ 아담 페레스(Adam Perez) ·········· 79

  예배에서 시간의 흐름

  임기응변: 이것이 무엇이며, 무엇을 위한 것인가?

  임기응변의 준비

  예배 준비를 다시 생각하기

  준비 과정의 재구성

  연습, 연습, 또 연습

제 3 부 실제와 기술

제 5 장

음악의 흐름: 중요한 기술_ 조나단 오타웨이(Jonathan Ottaway) ·· 101

  곡의 흐름: 음악 스타일의 주요 요소들

  곡 사이의 흐름: 4중 구조 예배 순서로 예배자를 초대하는 기획

  현대 예배 음악 인도를 성장시키는 방법

제 6 장

음성의 흐름: 말로 표현되는 것_ 글렌 스탈스미스(Glenn Stallsmith) ··· 123

  언어 전환

  기도

  말씀 읽기

  설교

제 7 장

시각적 흐름: 프레젠테이션 기술 사용_ 앤드류 T. 이스트스(Andrew T. Eastes) ⋯ 140

    이미지와 흐름

    글과 흐름

    색상과 흐름

    영상과 흐름

    전환과 흐름

    기준과 흐름

    신실함과 흐름

제 8 장 축복의 흐름: 중요한 지침 ⋯ 160

제 9 장 현대 예배 연구에 도움이 되는 자료들 ⋯ 164

부록

부록 A: 요한복음 2:1-11에 관한 예배 모델_ 데비 웡(Debbie Wong) ⋯ 173

부록 B: 현대 예배에서의 성찬식 진행 _ 레스터 루스(Lester Ruth) ⋯ 185

미주 ⋯ 189

추천사

"예배 전쟁과 스타일에 대한 논쟁을 넘어서, 이 책은 초기 기독교 예전의 논리와 현대 예배의 본질과 미학이 놀랍도록 조화를 이루고 있음을 보여줍니다. 예배에 대한 통찰력이 풍부한 이 책은 앞으로 수년 동안 목회자, 예배 인도자, 예배 사역자와 학자에게 도움을 줄 것입니다."
글렌 팩키엄(Glenn Packiam) | 미국 콜로라도 스프링스의 뉴라이프처치 담임목사

"이 책은 전통 예배의 가장 좋은 부분들을 현대 예배에 자연스럽게 경험할 수 있는 방법을 보여줍니다. 현대 예배를 더욱 진정성 있고 신선하게 만들려는 목회자, 음악가 또는 예배 인도자, 즉 예배자들을 살아 계신 하나님과의 진정한 만남으로 이끌고자하는 모든 분들에게 귀한 선물입니다."
조나단 말로우(Jonathan Marlowe) | 미국 코넬리우스에 있는 시온산연합감리교회 목사

"『예배의 흐름(FLOW)』은 회중 예배를 올바로 알고, 함께 읽을 책임이 있는 모든 예배자들에게 유용하고 중요한 책입니다."
크레이그 앨런 새터리(Craig Alan Satterlee) | 미국 인디애나 주 노틀담대학교 신학부 겸임교수, ELCA 감독

"이 책은 예배에 활력을 불어 넣고자하는 교회를 위한 책이며, 예배의 신학적 토대와 예배 형식의 음악적 실제를 이해하는 전문적인 실무자들에 의해 쓰였

습니다. 현대 예배를 드리는 교회의 노력을 더욱 향상시키고 싶다면 이 책을 읽고 실천하기를 추천합니다."
림 스위 홍(Lim Swee Hong) | 캐나다 토론토대학교 내 빅토리아 임마누엘 대학 교회음악 교수

"목회자, 음악가 및 예배 인도자는 이 책이 '흐름'에 기여하는 기획, 언어, 음악, 영상 및 미디어 기술과 같은 실용성을 다루었기 때문에 신선하고 많은 도움이 될 것입니다. 특히 책의 내용은 창조적이며 수준 높은 예배를 창조해낼 수 있을 것입니다."
카렌 웨스트필드 터커(Karen Westerfield Tucker) | 미국 보스톤대학교 예배학 교수

"이 책을 쓴 레스터 루스 교수와 저자들은 예배가 단순한 개별적 기능이 아니라, 상호 연결된 예배 행위의 흐름이라는 것을 이해하도록 도와줍니다."
데이비스 W. 매너(David W. Manner) | 미국 남침례회 캔자스-네브래스카 주 책임자

"이 책은 초대 교회의 전통 예배와 현대 예배를 나누기보다는 유기적으로 통합해나가는 기독교 예배의 표준을 보여줍니다."
E. 바이런 앤더슨(E. Byron Anderson) | 미국 일리노이 주 개럿-복음주의 신학대학원 스타이버그 예배학 교수

저자들

재커리 반스(Zachary Barnes)

오순절과 은사주의 전통 방식의 예배를 매주 여러 차례 진행하고 있는 목사이자 예배 인도자로 10년 넘게 예배 사역에 참여하며 농촌과 도시에서 예배를 이끌어왔다. 과거에는 순회 강사, 예배 목사, 청년 목사, 부목사 등을 지낸 바 있다. 현재 그는 노스캐롤라이나에 교회를 세워가고 있다.

앤드류 T. 이스트스(Andrew T. Eastes)

초교파의 순회 전도사로 지난 12년간 그는 다양한 교파와 문화의 내용으로 3천 번 이상의 설교를 진행했다. 순회 설교의 경험을 바탕으로 그는 언어, 시각화, 행위 같은 설교를 구성하는 세밀한 부분을 다루는 워크숍을 진행해오고 있다.

조나단 오타웨이(Jonathan Ottaway)

20년 경력의 예배와 찬양 인도자로 오순절 전통을 따르는 환경에서 자라왔지만, 다양한 교파의 환경에서 예배를 이끄는데 능숙하며, 특히 현재의 성공회 교회의 찬양 사역자로서의 역할도 잘 수행하고 있다. 캠브리지 대학에서 정식 찬양 교육을 받았으며, 후에 그는 목사 사역을 준비하기 위해 신학 석사 학위를 이수했다.

아담 페레즈(Adam Perez)

지역 교회와 대학, 신학대학원, 그리고 다양한 특별 행사 등에서 활동한 찬양과 예배 인도자인 그는 크리스천 개혁 교회에서 인정받은 예배 인도자로 활동하고 있으며 세 곳의 다른 신학대학원에서 예배 진행 교직원으로 소속되어 있다. 또한 칼빈 기독교 예배 협회에서 진행한 다양한 프로젝트의 컨설팅 업무도 수행한 바 있으며, 'Center for Congregational Song' 블로그 (www.congregationalsong.org)에 정기적으로 기고하고 있다. 그의 글은 'Reformed Worship', 'The Hymn, Christian Scholar's Review', 그리고 'Perspective's(현재는 'Reformed Journal')에 실리기도 했다.

레스터 루스(Lester Ruth)

기독교 예배의 역사가인 레스터 루스는 1978년부터 현대 예배에 대한 관심을 가지고 1993년부터는 연구도 시작했다. 텍사스 출신인 그는 1980년대 그곳에서 감리교 목회 사역을 시작했으며 20년째 신학대학원에서 예배를 가르치고 있다. 현재 듀크 신학교(Duke Divinity School)에 소속되어 있는 그는 예배와 관련된 다양한 주제를 다룬 수많은 책과 기사들을 썼으며 'Lovin' On Jesus: A Concise History of Contemporary Worship' 의 공동 저자다.

글렌 스톨스미스(Glenn Stallsmith)

12년 동안 필리핀에서 선교사로 일했던 민족 음악학자인 그는 위클리프(Wycliffe) 성경 번역가들과 함께 일하면서 토착적인 스타일의 찬양곡을 만들고자 하는 소수 언어 단체의 지역 교회에 소속된 음악가들을 도왔다. 글렌은 현재 연합 감리교회의 목사로 활동하며 매주 여러 차례의 예배를 준비하고 진행하고 있다.

데비 웡(Debbie Wong)

싱가포르 출신의 음악가이자 예배 인도자인 그녀는 2004년부터 활발한 예배 사역을 하고 있다. 전통적인 예배부터 혼합 예배까지, 현대적인 것부터 은사주의까지, 소규모에서 대규모, 기독교인들이 목숨을 걸고 모여야 하는 위험한 나라에서부터 자유롭게 예배를 드릴 수 있는 나라까지 다양한 환경에서 예배를 이끌어왔다. 그녀는 아시아와 미국에서 예배를 인도하고 가르쳐왔다.

서론

동맹의 부재로 인한 아이러니

레스터 루스 Lester Ruth

1990년대 초에 연합 감리교와 다른 주요 교파들 사이의 예배에 두 개의 파동이 동시에 몰려왔다. 그리고 이로 인한 동맹의 부족으로 커다란 아이러니가 나타나게 되었다.

첫 번째 파동은 교파들이 추진하는 새롭고 공식적인 '예전적 자료(Liturgical Resources)' 기관들이다. 그것들은 교회 역사의 첫 세기에 예배에 대한 전 기독교적인 연구를 바탕으로 신중하고 조심스럽게 만들어졌다. 각 교파의 의회와 임원들, 그리고 신학대학들에서 그들을 지지했다. 예를 들어, 수년간 연구와 시험들을 통해 연합 감리교의 새로운 세례 및 성찬 자료들을 만들어냈으며, 1989년 새로운 찬송가가 나왔고, 이후에 더 많은 자료가 추가되어 1992년

『예배서(Book of Worship)』가 나오게 되었다.

두 번째 파동은 현대 예배로, 이는 밴드를 기반으로 하면서, 형식을 탈피하는 동시에 적절한 예배의 형식을 추구했다.[1] 주요 기독교 단체들 사이에서 1980년대에 말에 조금씩 드러나기 시작한 새로운 스타일의 예배는 1990년대 중반쯤 예배 전문 잡지 기사나 지침서, 교단 회의 및 새로운 예배 스타일을 훌륭하게 소화시킨 영향력 있는 초대형 교회 등을 통해 완벽하게 드러났다.

이 두 파동들은 모두 크고 강력했다. 그리고 두 파동 모두 각각의 가치를 따르는 지지자들이 있었다. 그리고 비록 이 두 파동들이 동시에 일어났지만, 그 지지자들은 아주 좋은 절호의 기회를 놓쳤다. 그들은 동맹을 맺는데 실패했다.[2] 사실 양쪽 지지자들은 서로에게 종종 적대적이었으며, 서로 자신들의 파동이 주요 신자들에게 생명과 부활을 가져다 줄 것이라고 주장했다. 그 결과는 이미 많은 학자들에게 잘 알려진, 우리 중 많은 사람들이 경험한 '예배 전쟁(Worship Wars)'이다.

이렇게 놓친 기회가 아이러니라고 할 수 있는 건, 이 두 파동 모두 대체적으로 같은 목표가 있었다는 것이다. 그것은 중세기의 개신교를 특징지었던 예배 방식을 약화시키는 것이었다. 우리는 같은 목표가 있으면 그것을 이루기 위해 동맹을 맺었을 거라고 생각하지만, 이 경우엔 달랐다.[3]

이 두 파동과 각각의 지지자들은 왜 서로 협력을 하지 않았을까? 그들은 1950년대와 1960년대 주요 개혁자들의 고루하고 규칙적인 예배를 바꾸려는 공통된 목표보다는 스타일의 차이점, 이 두 파동들이 외형적으로 느껴지고 보이는 부분에 중점을 두게 되면서 그들이 가지고 있는 공통점을 보지 못했기 때문이다.

예를 들면, 새로운 교파들의 예배가 '전통적인 예배'와 비슷하게 보이고 느껴졌기 때문에, 현대 예배를 지지하는 사람들은 이 새로운 교파들의 예배가 중세 개신교의 전통적인 예배 스타일을 탈피하고자 하는 열망이 있었다는 것을 깨닫지 못했다. 불행히도, 현대 예배를 지지했던 사람들은 공식적인 교파의 자원들에서 나타나는 새로운 예배 스타일의 여러 특징들이 중세 시대의 '전통적인' 예배를 떠올리게 했고, 이 때문에 현대 예배 지지자들은 이들이 추구하는 새로운 자원들 역시 마찬가지일 것이라고 착각하게 만들었다. 여기서 말하는 특징들은 다음과 같다.

① 오래된 노래의 곡 목록과 악기 연주
② 매우 순차적으로 짜인 예배 순서가 깔끔하게 인쇄되어 있는 주보
③ 많은 예식들 (인공조명이 충분히 많은데 도대체 왜 제단에 촛불을 또 켜는 건가?)
④ 예배자들의 수동적인 움직임 (찬송가를 들고 있으면 박수 치고 양손을 드는 것이 힘들다.)
⑤ 감정의 자제
⑥ 똑같이 오래 된 예배 공간

현대 예배자들은 새로운 교파들의 예배가 예전적인 교파의 예배와 유사하다고 느꼈다. 그들이 새로운 자원들의 본질적인 특징에 대해 간과했던 것은 주님의 만찬에 대해 새롭게 강조한 점과 말씀과 성찬의 균형을 잡아주는 예배 순서의 재구성 (따라서 설교를 예배의 클라이맥스로 만들어 줌)이었다. 그리고 성구집(독서집)[4]으로부터 더욱 탄탄한 내용을 얻을 수 있는, 보다 꽉 찬 교회력 역시 간과했다.

마찬가지로, 새로운 교파 예배의 지지자들 역시 현대 예배와 어떤 공통점을 가지고 있었는지를 깨닫지 못했다. 만약 그들이 드럼과 기타와 끊임없이 반복되는 가사의 새로운 노래 목록 등의 참신함에만 빠져있지 않았더라면 (왜 모든 곡들이 24/7 노래 같을까? 7개의 단어들이 24번 반복되는 듯하다.) 아마도 그들은 현대 예배가 신자들을 위해 보다 쉬운 언어와 더 알차고 적극적인 예배의 참여를 위해 고민하고 있다는 것을 알아 차렸을 것이다. 그리고 그들은 현대 예배가 본격적인 설교 말씀이 시작되기 이전에 많은 준비 단계가 이어지는 예전적인 예배 순서로 진행한다고 보고 그 생각에 집착했다.

만약 이 두 지지자 집단이 스타일의 차이나 새로운 것에 대한 참신함, 또는 예배의 순서 등에 초점을 덜 맞췄더라면, 그들은 아마도 이 두 파동들이 추구하는 예배의 변화는 같은 목적을 가지고 있었다는 것을 알았을 것이다. 그것은 중세기의 주요 개신교가 가지고 있는 '전통적인 예배'를 변화시키는 것이었다. 그러나 그들은 그것을 깨닫지 못했다.

그 결과로 기회를 놓쳤으며, 불행하게도 우리는 한 세대 동안 그러한 깊은 아이러니 속에서 살아와야 했다.

1990년대 초반에 두개의 예배 파동, 즉 밴드 기반의 현대 예배와 초대 교회의 예배 자료들을 기반으로 한 새로운 교파들 사이에서 동시에 일어나고 있었다. 그들은 아이러니와 동맹의 부재를 가지고 있었다. 그로부터 30년 후, 이 책은 이러한 아이러니를 없애고 고대와 현대 사이에 새로운 동맹을 형성하고자 한다. 이 책의 목적은 고대 예배 스타일을 보다 적절하고 접근하기 쉬운 방법인 현대 예배의 목적으로 바꾸는 것이며, 새로운 자료들의 목표인 비전을 설명하는 것이다.

이전의 오해는 접어두고, 아이러니도 잊어버리자. 그리고 이 두 파동이 어떻게 하면 합쳐져서 오늘날의 새로운 예배가 될 수 있을지 기회를 잡아보도록 하자.

경험이 풍부한 실무자들이 작성한 이어지는 각 장에서는 그러한 기회를 잡을 수 있는 방법에 대한 정보를 제공한다. 그들 중 일부는 현대 예배에서 고대적인 방식을 추구하는 새로운 배경과 관점을 제공하는데 초점을 맞출 것이다. 제 1장에서는 고대 기독교 예배와 현대 예배를 진행하는 주요 요소들 사이에 나타나는 결정적인 유사점들에 대해 기록하고 있다. 또한 여기서는 그러한 요소들이 수세기에 걸쳐 어떻게 사라졌는지, 그리고 오늘날 고대 예배를 드릴 때 전통적인 방식으로 해야 하는 것에 대한 내용도 기록하고 있다. 제

2장에서는 현대 예배에서 가장 중요한 요소 중 하나라고 할 수 있는 '흐름'에 대해 강조하고 있다. 또한 그러한 흐름이 현대 예배에서 어떻게, 그리고 왜 그렇게 결정적이었는지에 대한 최근의 역사를 알려주고 있다. 제 3장에서는 목회자든 음악가든, 오늘날의 예배 인도자들이 현대 예배에서 고대 예배를 실행하기 위한 관점과 가정에 대한 변화를 논하고 있다. 제 4장에서는 이러한 관점과 가정의 변화를 기반으로 한 현대 예배의 실행 계획에 대해 알려주고 있다.

이후 세 장에서는 현대 예배에서 고대적인 방법을 찾아가는 데 필요한 특정한 관행들에 중점을 두고 있다. 제 5장에서는 흐름을 이루고 현대 예배의 본질과 맞는 음악을 만들기 위한 다양한 음악 기법을 다루고 있다. 제 6장에서는 고대-현대 예배에서 말씀과 구어적인 요소를 좋은 흐름으로 다룰 수 있는 방법에 대해 알려주고 있다. 제 7장에서는 이러한 예배에서 컴퓨터 그래픽과 미디어의 통합에 대해 논의하고 있다.

이 책은 독자인 당신에게 도움을 주는 것으로 끝을 맺는다. 제 8장은 일련의 지침으로 제시한 이 책에 대한 짧은 결론이다. 제 9장은 당신에게 참고할 만한 다른 자료들을 나열했다. 도움이 될 만한 책들의 제목과 함께 그것들이 왜 도움이 된다고 생각하는지에 대한 간략한 설명을 적었다. 결론 뒤에는 현대 예배의 샘플 예배, 그리고 그 뒤로는 고대 '말씀과 성찬' 예식의 순서가 부록으로 나와 있다.

이 책을 통해 현대 예배를 보다 더 고대적인 방식으로 진행하는 데 필요한 것을 찾을 수 있길 기도한다.

제 1 부

배경

제 1 장

고대 방식으로 드리는 현대 예배

레스터 루스 Lester Ruth

조금 대담한 이야기를 하자면, 오늘날 우리가 고대 기독교 예배를 묘사할 때 전통적인 예배보다는 현대 예배의 스타일과 더 유사한 점들을 찾아볼 수 있다. 이러한 주장은 전형적인 현대 예배와 고대 예배의 이미지를 떠올려봤을 때 뜻밖이라고 생각할 수 있을 것이다. 물론 2세기에는 기타와 드럼이 있는 밴드는 없었다. 그리고 그 당시 교회는 현재 우리가 예배 드릴 때 사용하는 전자 기술도 가지고 있지 않았다. 그러나 고대 예배 방식과 현대 예배 방식에는 결정적으로 유사한 점들이 몇 가지 있다.

위의 이야기가 대담하다고 말하는 이유는, 주요 교파들이 최근에 시도한 예배 자료들에 나타나듯이, 최근에 고대 예배 방식을 다시 적용하려는 시도가 전통적인 예배가 가지고 있는 요소들과 일반적으로 연관성이 있기 때문이다. 예를 들어, 공식 교파의 예배 자료 중 하나인 '말씀과 성찬' 예식의 예배 순서 등을 보면 고대 기독교 예배를 다시 적용하는데 주력하고 있음을 알 수 있다. 이 예배 순서는 크게 4단계로 나뉜다 해서 '4중 예배 순서'라고도 불린다. 모이는 시간, 하나님 말씀[성경]을 듣는 설교 시간, 성찬식, 그리고 세상으로 다시 돌아오며 마치는 전통적인 예배 방식을 따르고 있다. 주보에 표시된 예배 순서 형식과 예배를 진행하는 방식인 예배 규정, 그리고 그 이외의 모든 요소들에서 전통적인 예배 순서와 유사한 점들을 많이 찾아볼 수 있다.

그런데 만약 다른 경우라면 어떨까? 만약 이 말씀과 성찬의 전통적인 순서를 완전하게 현대적으로 느껴질 수 있게 진행할 수 있는 방법이 있었다면 어떨까?

그러한 방법은 있다. 놀랍게도 말씀과 성찬의 전통적인 순서를 현대적인 방법으로 진행하는 것은 이 순서에 관한 가장 초기의 역사적 설명에서 찾아볼 수 있는데 이는 현대의 모든 주요 예배 자료들에 영향을 준 잘 알려진 구절이다.

순교자 저스틴 시대의 고대 현대 예배 순서

이 예배 순서를 묘사한 잘 알려진 구절은 2세기 순교자인 저스틴(Justin Martyr, 100-165?)[5]의 작품에 나와 있다. '교회에서 드리는 예배는 기독교 신앙에 있어서 가장 큰 방어'라는 내용의 글을 쓰는 이 사람은, 기독교인들이 예배를 드리기 위해 모였을 때 어떤 일이 벌어졌는지를 묘사했다. 이 구절은 최근의 예배서 개정에 막대한 영향을 끼쳤다. 아마도 모든 예배학자와 교파 예배 관계자들은 이 구절을 외우고 있을 것이다. 순교자 저스틴은 한 주의 첫날에 드리는 예배에 대해 다음과 같이 묘사했다.

일요일이라고 불리는 날, 도시 또는 시골에 사는 사람들의 모임이 이루어지며, 시간이 허락되는 한 그곳에서는 사도들의 회고록이나 선지자들의 글이 읽혀진다. 그러한 글들을 읽다가 멈추게 되면, 사회자는 우리에게 좋은 것들에 대한 충고도 하며 우리가 따라할 수 있도록 안내를 한다. 그러면 우리는 모두 일어나 하나님께 기도를 드린다. 그러고 나면, 이미 앞에서 언급했듯이, 빵과 포도주와 물을 가져오게 되며, 사회자는 또 비슷한 방식으로 최선을 다해 기도와 감사의 말을 전하고, 사람들은 '아멘'이라고 말하며 동의를 한다. 그리고 각자가 감사한 것들을 생각하며 이것을 나누어 먹고 마시게 된다. 그곳에 함께 하지 못한 사람들에게는 다른 사역자들을 통해 빵과 포도주가 전달된다.[6]

저스틴은 또한, 교회가 어려운 사람들을 돕기 위해 예배자들이 헌금을 드릴 수 있는 방법에 대해 이야기하며 그의 설명을 끝낸다. 비록 저스틴은 사람들이 예배를 마치고 각자의 집으로 돌아가는 부분까지 언급을 하진 않지만, 예배는 결국 끝났을 것이며 예배자들은 그들의 집으로 돌아갔을 것이다.

새로 개정된 예배서를 사용하는 주요 교파의 예배자들은 저스틴이 묘사한 예배의 기본 순서를 인식하고 있을 것이다. 왜냐하면 그들이 사용하는 예배서에 나와 있는 순서와 비슷하기 때문이다. 저스틴의 이러한 묘사는 초대 교회의 모든 예배들 중에서 가장 최초로 나온 것이기에 새로운 예배 순서를 형성하는데 있어 중요한 역사적 자료로 사용되었음이 분명하다.7 저스틴의 설명에 의하면, 그가 말하는 새로운 순서에는 일반적으로 네 단계가 있었다. 이 4중 구조, '말씀과 성찬' 예식의 '만남'은 저스틴이 "모두 함께 모인다."라고 할 때 이루어졌다. 가장 최근에 인쇄된 '말씀과 성찬' 예식에서 말하는 '선포' 또는 '말씀'은 저스틴이 언급한 많은 글들, 즉 '사도들의 회고록'이나 '선지자들의 글'에 해당한다. 이 4중 구조 예배의 다음 순서는 '기도' 시간이다. 특히 저스틴이 설교 이후에 나온다고 설명한 '중보 기도'와 '주의 만찬'에 대한 봉헌이 있다. 성찬식이 끝나면, 이 4중 구조 예배의 마지막인 '파송' 순서가 있다. 저스틴이 이 파송 부분에 대해서 따로 언급을 하지는 않았지만, 사람들이 그 자리를 떠나는 시간은 분명 있었을 것이다. 가장 최근에 발간된 교파의 자료들에는 이 4중 구조인 만남, 말씀, 성찬, 파송이 '말씀과 성찬',예식에 모두 나와 있으며, 각각의 단계에 해당하는 예배 행위를 나열하여 설명해 주고 있다.

저스틴의 2세기 예배 순서와 최근의 것이 유사하다는 것을 감안

예배의 흐름

하면, 2세기에 순교자 저스틴의 교회는 많은 교회들이 가지고 있는 이 같은 고전적인 예배 순서로 진행한 스타일의 예배를 드렸을 것이라고 생각하기 쉽다. 하지만 그것은 잘못된 가정이다.

우리는 저스틴의 설명에서 그의 고대 예배와 현대 교회에서 진행하고 있는 전통적인 방식인 4중 구조의 '말씀과 성찬'을 구분하는 세 가지 요소가 있었음을 알 수 있다. 사실 이 세 가지 요소들은 소위 전통적이라고 불리는 예배보다는 현대 예배 스타일과 더 많은 공통점을 가지고 있는데, 이는 현대 예배에 고대 방식을 적용시키는데 중요한 핵심 요소들이다. 그럼 이 세 가지 요소들은 어떤 것들인가?

그 첫 번째 요소는 '시간의 자율성'이다. 저스틴은 구약과 신약 성서에 나오는 글들에 대해 "시간이 허락하는 한"이라는 표현을 썼다. 그는 구약 성경의 글을 "선지자들의 글"이라 했고 신약 성경은 "사도들의 회고록"이라고 불렀다. 우리는 그의 적절한 균형과 폭넓음에 매료될지도 모른다. 그의 교회에서는 주일 예배 때 구약과 신약을 다 넘나들며 봉독한다. 하지만 여기서 조금 더 미묘한 점을 찾아볼 수 있다. 바로 "시간이 허락하는 한" 계속해서 읽었다는 것이다. 이 구절을 통해 알 수 있는 건, 매 주일마다 성경 봉독의 시작과 끝을 정해 놓지는 않았다는 것이다. 더 중요한 건, 누군가가 성경 봉독의 시작과 끝을 결정해야 한다는 것이었다. 즉, 누군가가 시간을 분별할 줄 알아야했다는 것이다. 그러나 성경 봉독이 충분히 진행되었다는 것은 어떻게 알 수 있었을까? 물론 구절들 사이에 자연스럽게 끝나는 부분이 있기도 했겠지만 분명 그 이상의 무언가가 있었을 것이다. 그것은 바로 그때의 상황과 사람에 따라 적절하고 옳고 적당한 길이라고 판단할 수 있는 '분별력'이다. 이와는 대조적으로, 만약 우리가 고전적인 순서로 '말씀과 성찬' 예식을 진행하면서 주보나 책에 나와 있는 완전하게 정해진 순서대로 착실하게 예배를 드리게 된다면 과연 어떠한 시간의 분별력이 필요할까?

두 번째 요소는 기도하는데 필요한 '즉흥성'이다. 저스틴은 주의 만찬에서 사회자가 기도를 할 때 미리 쓰인 성찬식 기도문을 사용했다고 하지는 않았다. 저스틴은 사회자가 "그의 능력에 따라" 즉, 즉흥적으로 기도를 했다고 지적했다. 미리 짜인 성찬식의 봉헌 기도가 없었기에 (아마도 예배 내내 즉흥적인 기도가 이뤄졌을 것이다.) 예배는 부드럽고 유연하며 다양한 내용으로 진행이 가능했을 것이다. 그리고 즉흥적인 기도를 해본 사람이라면, 그 역시 기도를 하면서 언제 다른 주제로 넘어갈 지, 또는 언제 기도를 마쳐야 할지에 대한 시간과 상황에 따른 분별력이 필요했다고 말해줄 것이다. 이렇게 예배를 진행하려면 단순히 기도문을 읽고 쓸 줄 아는 능력 이상의 무언가가 필요하다. 이와 반대로, 만약 '말씀과 성찬' 예전이 미리 준비된 정해진 각본에 의한 예배라면, 이를 진행하는 데 필요한 건 마음에서 우러나오는 기도의 능력이 아닌 이미 쓰인 텍스트를 잘 다루는 능력일 것이다.

마지막 요소는, 저스틴이 그의 예배 순서를 '행위로 표현했다'는 점이다. 다시 말하자면, 저스틴이 그리는 예배의 순서는 중요한 행위들이 계속해서 이어지며 표현이 된다. 다음은 그가 순서를 묘사할 때 사용한 동사, 즉, 행동들이다. '모이다…' '읽다…' '충고하고 초대하다…' '일어서다…' '바치다…' '참석하다…' '기도하다…' '동의하다…' '나누어주고 받다'. 저스틴은 기독교 예배를 묘사할 때 이러한 행위들에 중점을 둔다. 물론 그는 예배 순서 중에 회고록이나 기도문을 언급하기도 했다. 하지만 그가 말을 할 때 자세히 살펴보면 그 내면에 바로 중요한 행위들이 드러난다는 것을 알 수 있다. 이와는 대조적으로, 주보에 적힌 예배 순서를 대할 때, 마치 쇼핑 목록에 적힌 물건들을 살 때마다 체크해 나가듯 다루는 사람들을 여러 번 보지 않았는가? 나는 교회에서 그런 경우를 보았다. 주보를 손에 들고 매 순서가 끝날 때 마다 옆에 체크 표시를 하는 사람을 말이다.

이 세 가지 요소, 즉 '시간의 자율성', '즉흥성', 예배를 행위의 흐름으로 이해하는 '분별력'은 저스틴의 고대 예배와 현대 예배의 형태 사이에 공통점을 제공한다. 즉, 저스틴의 예배에는 특별한 느낌과 리듬에 있어서 예배를 진행하는 사람들로 하여금 '적합성'과 '적절함', 그리고 즉흥적으로 미묘한 부분들을 다룰 수 있는 '분별력'을 갖게 만들었다. 저스틴은, 그의 교회에서의 예배는 미리 완벽하게 짜인 각본대로 움직이지 않았다고 말했다. 예배가 시작되면, 사회자가 단순히 "시작 버튼"을 누르며 계획에 따라 정확하게 진행하지는 않았다는 이야기다.

저스틴이 묘사한 '말씀과 성찬' 예식을 진행할 때에는 마치 음악가들이 노래에 리듬을 만들 때 필요한 감수성 같은 것이 요구되었다. 리듬 있는 음악을 만든다는 건 단순히 악보에 음표와 리듬표시 등을 복제해서 쓰는 것만은 아니다. 훌륭한 음악가들은 미묘한 기술로 그들의 음악을 살아나게 만들고, 특별하게, 그리고 감성적으로 설득력 있게 만드는 능력을 가지고 있다. 재능 있는 음악가들은 음악에 리듬을 더하기도 하는데, 이는 결코 쉬운 것은 아니다. 나의 짧은 피아노 실력으로는 악보에 실린 음악 노트를 보며 연주를 한다. 더 뛰어난 음악가들은 그보다 훨씬 많은 것을 할 수 있다. 나는 단순히 노래를 연주하는 것이고 그들은 리듬으로 음악을 만드는 것이다.

이러한 요소 즉, 시간의 자율성, 즉흥성, 예배를 행위의 흐름으로 이해하는 것들은 현대 예배에는 흔하게 볼 수 있다. 순교자 저스틴의 고대 예배에 대한 설명에서 볼 수 있듯이, 우리는 그 요소들을 이용해 '전통적인 예배'든 '고대 예배'든, 예전의 개신교 예배를 새로운 방식으로 진행할 수 있는 방법을 찾아보길 제안한다.

고대에서 전통적인 예배로: 저스틴 시대 이후의 경로

하지만 순교자 저스틴 이후에는 어떻게 되었는가? 저스틴 시대에 나타났던 세 가지 요소들은 그 이후의 예배들에서 어떻게 사라지게 되었는가?

2세기의 순교자 저스틴 이후에, 어떤 것들은 그대로 남아있기도 했다. 그래도 기본적인 예배 순서의 틀은 바뀌지 않았다. 처음에 모이면서 시작되는 예배는 성경 봉독으로 이어지고, 그 이후엔 성찬 관련 예배 순서들이 진행되면서 성찬식이 절정에 이른다. 그리고 파송의 시간을 가지면서 예배를 마치게 된다. 이 기본적인 예배 순서는 16세기 개신교 개혁 때까지의 계속해서 나타나게 된다. 그리고 오늘날 여러 교파들이 개정하고 있는 예배 자료들 중에도 이 기본 순서가 깔려 있다. 예배의 순서는 바뀌지 않은 것이다.

변화가 있었던 건 저스틴의 설명에서 강조되었던 그 세 가지 요소들 즉 '시간의 자율성', '즉흥성', 그리고 '예배를 행위의 흐름으로 이해하는 것'이었다. 특히 4세기가 시작되면서 '말씀과 성찬' 예식은 진행되는 순서의 방식에 변화가 생기기 시작했다. 수 세기가 지나면서 변화의 방향이 그 세 가지 요소들로부터 점점 멀어지게 만들었다. 이러한 궤적은, 비록 우리가 새로운 예배의 자료를 이해하고 검증하는 데 저스틴의 예배에 대한 묘사를 사용하긴 했지만, 지난 1500년 동안 이뤄진 예배의 역사로부터 추정을 해가며 저스틴의 예배 순서를 절묘하게 해석해왔다. 우리는 거기에 다른 느낌과 리듬을 적용했으며, 따라서 원래 가지고 있던 고유의 리듬을 잃어버리게 되었다.

간단하게 말하자면, 순교자 저스틴(그가 2세기 사람이란 걸 잊지 말자) 이후 수세기 동안 예배의 형식에 다음과 같은 변화가 있었다. 제한 없는 시간에서 제한된 시간으로, 즉흥적인 예배에서 완전하게 각본으로 짜인 예배 순서로, 행위 중심으로 진행된 예배에서 사물을 이용하는 예배로 변화하려고 했다. 물론 이러한 변화들은 갑자기 일어난 것도 아니고, 모든 장소에서 동시에 일어난 것도 아니었다. 그들은 또한 어느 시대에 어떤 교회에서 예배가 어떻게 진행되었는지 완벽하게 알지도 못했다. 특히 순교자 저스틴 직후의 몇 세기 동안은 더 그랬다. 그럼에도 불구하고, 최근 몇 세기 동안 간직한 일부 예배의 전통을 제외한, 예배 역사의 전반적인 궤적은 저스틴이 강조한 특징들과는 거리가 멀었다.

교회가 초기 시대에서 중세 시대(6세기 이후)로 넘어가면서, 저스틴이 묘사한 네 단계의 '말씀과 성찬' 예식에 있어 결정적인 세 가지 요소들의 궤적에서 벗어나는 움직임들이 있었다. 이러한 움직임들은 시간적 분별력과 즉흥성에 대한 힘을 약화시킬 수 있었다. 또한 그리스도인들로 하여금 그들의 예배 순서가 일련의 통합된 행동들이 아닌, 행해야 할 일들의 순서라고 보는 데 도움이 될 것이다

이러한 궤적의 움직임은 속도가 느려 수세에 걸쳐 전개되었지만 안정적이었다. 예를 들어, 예배의 역사가 교부 시대[8] 말기에서 중세 시대로 들어가면서 즉흥적인 기도가 조금씩 사라져 갔다. 예배 예식을 가지고 있는 가족들이 발달된 큰 지역에 흡수되어 함께 지내면서 기도문과 다른 예배 서적들이 기록되고, 편집되었으며 서로 합쳐지고 세심하게 검토 및 공유되면서 표준화되었다. 결국 예배 전체가 각본으로 짜였다. 이러한 변화는 시간 관리를 더욱더 엄격하게 만들었고 시간과 장소에 즉각적으로 적응하기 위한 내적 분별력의 필요성을 크게 감소시켰다. 예배 문서에 따라 진행을 하게 되면 예배 인도자는 예배 전체의 시간적 리듬에 대한 다른 접근을 하

게 된다.

　마찬가지로, 훨씬 더 복잡한 교회력의 발달과 함께 각 예배를 위한 각본을 만들어주는 성구집의 발달은 예배를 시간과 능동적인 분별력으로 접근하게 했다. 성경을 봉독할 때 매번 시작과 정확히 읽어야 할 부분을 포함해 끝나는 지점이 정해짐에 따라 사회자와 설교자들은 개인적으로 읽는 양을 정하거나 특정 시간과 장소에 있는 신자들에게 적합한지 분별해야 하는 등의 책임감은 줄어들었다. 그리고 그때마다 사용되는 성구집에 따라 그 말씀들은 서로 다른 근본적인 연관성을 가질 수 있다. 다시 말해서, 여러 개의 말씀들을 읽게 되면 서로 잘 연관이 될 수도 있고 그렇지 않을 수도 있다는 것이다.

　또 한 가지 발달한 것이 있다면, 예배를 드릴 때 나오는 모든 구성 요소들을 주보에 다 나열한 것이다. 여기서 위험한 점이라고 한다면, 만약 그런 식으로 예배를 진행하게 되면, 예배 드리는 동안 주보에 적힌 요소들을 마치 물건이나 항목처럼 하나하나 체크해 나가기 쉽다는 것이다. 결국 하나님께 드리는 중요한 예배 활동이라는 본질을 간과하기 쉽다. 결과적으로 이렇게 규칙적으로 나오는 요소들은 기술적인 명칭(보통 처음에 나오는 몇 개의 단어들로)으로 부르게 되기 때문에, 그 요소들이 가지고 있던 능동적인 행동이라는 본질은 잊혀지고, 단지 예배에 사용되는 사물이나 물건으로 착각하기 쉬운 것이다. 예배의 순서가 점점 더 각본화되면서, 예배에 있어서 중요한 활동들보다는 예배 순서에 나오는 명칭들만이 언급되어지고 기억 되어왔다. 고대의 예에는 '대영광송(Gloria in Excelsis)'[9] 또는 '테 데움(Te Deum)'[10]과 같은 찬양과 예배의 기도가 포함되었다.

현대에서의 예로는 많은 예배 순서에 나오는 '송영(Doxology)'을 들 수 있다. 그 동안 수 세기에 걸쳐 '말씀과 성찬' 예식의 순서에는 많은 멋진 요소들이 추가되어 왔지만, 저스틴의 예배가 가지고 있던 원래의 느낌은 많이 사라졌다. '말씀과 성찬' 예식을 생각할 때 예배의 활동적인 흐름을 떠올리기보다는 예배에 계속해서 사용되어지는 사물들을 떠올리기가 쉬워졌다.

또 다른 역사적인 움직임은 초기 '말씀과 성찬' 예배의 리듬을 무너뜨렸는데, 그것은 바로 예배 인도자들과 신자들과의 즉흥적인 상호 작용이 상실되어 버렸다는 점이다. 처음 몇 세기 동안의 예배는 언어적인 문화의 전형적인 특징을 가지고 있었다. 예를 들면 부르심과 응답, 신자들의 순간적인 분출에 응답하는 예배 인도자 등이다.

이런 상호작용을 통해 이뤄지는 예배에 참석해본 사람이라면 누구나 그러한 요소들이 예배에 어떤 느낌을 더해준다는 것을 알 수 있을 것이다. 기독교 역사가 첫 번째 천년에서 두 번째 천년으로 넘어가면서 그것들을 잃게 되었는데, 이로 인해서 저스틴의 '말씀과 성찬' 예배도 변하게 되었다.

16세기에 개신교의 개혁이 일어나면서 개신교들 사이에서 예배의 순서를 정하는 다양한 방법을 심어주는 것과 함께 기존의 '말씀과 성찬' 예식이 분열된 예배 순서의 기준이 되어버렸다. 이 모든 것은 중세 말에 일어난 놀라운 변칙들에 의한 결과였다. 중세 말기의 교회들은 매주 또는 매일 '말씀과 성찬' 예식의 순서에 따라 예배를 진행했는데, 이는 성체를 봉헌하기 위함이었다. 그러나 실제로 성찬을 받는 사람들은 드물었다. 개신교 신자들은 성찬을 받지 않으면 주님의 만찬도 하지 않을 것이라고 만장일치로 결정을 내렸다. 그러한 확신을 가진 개신교 신자들은 성찬을 받는 사람들의 수를 늘리거나, 아니면 설교가 중심이 되는 성찬식을 뺀 즉, '말씀과 성찬' 예식이 아닌 예배 순서를 만들었다. 하지만 성찬의 빈도를 늘리는 것을 실천하기란 매우 어려웠다. 따라서 그 결과로 16세기에나 지금이나 다양한 예배 순서를 만들게 되었다. 새로운 개신교의 예배 순서를 도입하면서 새로운 예배로의 접근이 생겨났을지는 모르지만 초기 개신교의 주요 예배 전통에서 다시 되찾을 수 없었던 것은 바로 첫 세기에서 열망했던 '말씀과 성찬' 예배였다.

게다가, 다른 초기 개신교의 발전은 저스틴의 예배에서 나타났던 원래의 고대 방식으로부터 멀어지는 방향으로 강화되었다. 아이러니하게도, 그 중 하나는 예배자들의 찬양을 다시 도입시킨 것으로 이는 모든 찬양을 성가대에만 의존하는 것과는 반대된다. 이런 예배자들의 찬양은 개신교인들에게는 매우 훌륭한 회복이었고 그로 인해 새롭게 거듭날 수 있었다. 하지만 개신교인들이 찬양을 하는 방식은 연속되는 행동이 중심이었던 고대 예배의 느낌을 되찾는 것에는 기여를 하지 못했다. 대부분의 개신교 신자들은 찬양을 하면서, 한 번에 한 가지 일만 한다는 개념을 강화했다. '우리가 찬양을 한다. 그리고 그 찬양이 끝나면 우리는 다른 것을 한다.' 그러면서 예배를 드릴 때 여러 가지 행동을 동시에 하는 것을 없앴다.

대부분의 개신교 신자들은 계속해서 문서화된 예배서에 의존을 하게 되었는데, 인쇄 기술이 이러한 기준화된 문서들을 보다 쉽게 제작하고 배포할 수 있게 되면서 그 의존도는 점점 더 높아졌다. 따라서 시간에 대한 즉시성과 분별력은 일부 개신교 신자들을 제외한 대부분의 사람들에게 꾸준히 작은 관심사가 되었다. 문서로 인쇄된 주보와 예배서 등으로 미뤄보았을 때 사물, 즉 주보에 기록된 예배의 행위에 대한 독립성이 있었을 거라고 추정할 수 있다.

주요 전통에서 개신교 예배의 기준을 보면 그 역시 저스틴의 예배 느낌을 거부하는 내용이었다. 개신교 예배의 특징은 전반적으로 이성적(생각과 관련됨), 언어적(말에 의존함), 그리고 교훈적(무엇이 행해지고 왜 행해지는지를 터득하고 알아가는 것)이다. 계몽주의라고 불리는 18세기 후기의 이 철학 운동은 이러한 특징들을 강조해왔다. 예배자들과 전통의 사회적 발전도 마찬가지였다. 이는 교육의 증가와 부유해진 재산, 그리고 높아진 사회적 지위로 인해 무엇이 '바람직한' 예배를 구성하는지 추정할 수 있었기 때문이다. 이러한 요소들의 복합적인 효과는 순교자 저스틴의 묘사에 나타나는 언어적, 문화의 역동적인 예배의 특징이 없었기 때문에 예배를 진행하는데 종종 걱정을 초래하곤 했다. 이 복합적인 효과는 '전통예배'라고 불리는 20세기 주요 개신교에서 볼 수 있었던 예배를 만들어내는 것이었다.

물론, 저스틴의 묘사에서 나타났던 요소들을 회복시킨 몇 가지 개신교 예배의 전통(오순절, 은사주의, 무종파를 포함)들이 나오기도 했다. 그것은 시간의 자율성, 즉흥성, 그리고 중요한 행위들로 이어지는 흐름의 예배 순서였다. 그러나 성찬식을 포함한 순서로 예배를 드릴 때에는 이러한 요소들을 거의 찾아볼 수 없었다. 이러한 전통들은 보통 예배의 역사에는 관심이 없었고, 신약성경에서 얻어지는 내용에만 관심을 두었다.

기술의 발달을 포함해 가장 최근에 나타난 움직임들은 주요 개신교의 예배에서 고대 예배의 느낌이 사라져가는 것으로 강화되어왔다. 각 지역의 신자들은 그들의 예배 순서(주보)나 문서들을 인쇄하는 능력(처음에는 마임그래프 기계를 사용, 그 이후에는 복사기, 그리고 지금은 컴퓨터 프린터를 사용)을 길러 이제는 각 예배에 맞는 순서의 주보들을 모든 예배자들의 손에 쥐어 줄 수 있게 되었다. 이러한 순서의 주보를 보고 있게 되면, 시선을 아래로 떨어뜨리게 되면서 예배자의 몸을 더 수동적으로 만들어준다. 그 주보에 나타난 형식은 예배를 드리는 개별 행위를 독립적인 사물로 격리시켰으며, 동시에 예배 시간에 연속되는 항목들을 하나하나 실행해나가는 순서의 개념을 심어주었다.

최근 예배 좌석에 앉아있는 신자들에게도 예배 진행의 역할이 주어지면서 또 다른 변화가 생겨났다. 그것은 다음 예배 순서를 기다릴 때 생기는 시간의 공백이었다. 그리고 만약 이 예배자들이 예배당 곳곳에 앉아 있다면, 그들이 진행할 차례가 되었을 때 그 지점(보통은 또 하나의 기술 발달로 나온 '마이크'를 가리킴)으로 걸어

나가는데 어쩔 수 없이 공백이 생기게 된다. 이 고정된 마이크는 그곳이 인도자의 자리임을 표시해주면서 오로지 인도를 위한 장소로 쓰이며, 나아가서는 예배 순서에 나와 있는 각각의 항목들도 각자 다른 예배 행위로 격리시켜준다.

그리고 그곳은 20세기 중반에 '전통적인' 개신교의 예배가 주류를 이뤘던 곳이었다. 또한 그것은 2세기에 가지고 있는 리듬을 잃고 완전히 다른 느낌을 갖게 되었다. 원래 가지고 있던 시간의 자율성과 즉흥성, 여러 개의 행위들이 연이어 이어지는 부드러운 흐름 등을 잃게 되었다. 불행히도, 최근 수십 년 동안 여러 교파들이 고대 예배 방식을 회복하기 위해 4중 구조 순서의 '말씀과 성찬' 예식을 도입했을 때, 그 지지자들은 저스틴의 묘사가 가지고 있는 미묘한 측면을 이해하지 못했다. 그리고 새로운 '고대 예배' 지지자들은 바로 이전의 '전통적인' 개신교 예배의 느낌만을 이해하고 받아들였다. '전통적인 개신교 예배'와 '고대 예배'를 회복하려는 이 시도는 겉으로 보기에 매우 비슷하게 느껴졌기 때문에 혼동하기도 쉬웠다.

하지만 오늘날의 '말씀과 성찬' 예식의 예배 순서를 2세기에서 보였던 것과 같은 느낌으로 드릴 수 없다고 누가 그랬던가? 그리고 '말씀과 성찬' 예식이 현대 예배로 드리는 본보기를 보여줄 수 없다고 누가 그랬던가? 이 책의 나머지 부분이 가지고 있는 목표는 이 질문들에 대한 답을 하는 것이다.

제 2 장

흐름의 변화

재커리 반스 Zachary Barnes

순교자 저스틴의 고대 예배에 관한 묘사에서 나타난 세 가지 요소, 즉 시간의 자율성, 기도의 즉흥성, 그리고 예배의 중요한 행위의 흐름 중 고대 예배를 현대 예배 방식으로 어떻게 진행할 지에 대한 상상을 하는데 가장 중요한 역할을 하는 것은 '흐름'이다. 그 이유는 앞의 두 가지 요소, 시간의 자율성과 기도의 즉흥성들의 현대 예배에 대한 맥락은 연속되는 흐름이 있는 보다 넓은 의미에서의 예배에서 나타나기 때문이다. 이어지는 장에서는 고대-현대 예배에서 좋은 흐름을 얻을 수 있는 방법을 다루게 된다. 하지만 최근 수십 년간 현대 예배가 발달함에 있어 '흐름'에 대한 관심이 얼마나 중요했었는지를 먼저 파악하는 것이 좋다.

현대 사회에서 알고 있는 '흐름'이라는 단어가 가지고 있는 일반적인 본질은 지금까지 진행된 모든 종류의 예배에서 그랬듯이 잘못된 인상을 줄 수 있다. 그러나, 앞 장에서 지적했듯이, 현대 예배에서 이해하고 있는 '흐름'을 유지하는 것이 늘 역사적 관심사는 아니었다. 그와 반대로, '흐름'은 현대 예배의 역사적 발달에 있어 중요한 관심사였다. 특히 오순절 기원에서는 더 그랬다. 이번 장에서는 '흐름'의 발달과 중요성을 이해하기 위한 방법으로 그 문헌의 역사적 연대표를 이해하려고 한다. 이 역사적 고찰은 또한 현대 예배의 흐름에 있어서 역사적 발달에 관심 있는 사람들의 참고 문헌도 제공할 것이다. 그리고 현대 예배에서 "흐름"이 가지고 있는 중요성에 대해 논의하는 것으로 마무리하게 된다.

현대 예배의 역사적 발달에 있어 흐름에 대한 관심
• 1970년대

데이빗 K 블롬그렌(David K. Blomgren)이 쓴 1978년의 저서 『The Song of the Lord(주님의 노래)』는 현대 예배에서 '흐름'의 역사적 발달을 이해하는 데 중심이 되는 역할을 했다.[11] 오순절파 신자인 블롬그렌은 이 책을 통해 '흐름'의 시스템을 만들었는데 이는 결국 신자들로 하여금 CCLI[12]을 만들게 했다. 블롬그렌은 음악가들을 위한 교육용 지침서로 이 책을 썼는데, 이는 아마도 현대 예배에 있어서 좋은 흐름을 만들고 가르치기 위해 쓰인 첫 번째 안내서일 것이다. 블롬그렌의 이 시스템에서 중요한 것은 성경적 찬양을 하는 것과 예배 시간에 바로 부를 수 있도록 목록을 작성해 사람들로 하여금 연속되는 찬양곡들로 흐름을 탈 수 있게 만들어 준 것이다. 블롬그렌은 예배 드릴 때 성경적 찬양들을 될 수 있으면 같은 조 그룹으로 묶어 놔야 한다고 주장했다. 그 이유는 조를 바꿀 때마다 리듬이 깨지는 것을 최대한 줄이면서 성공적인 찬양으로 노래를 이끌어가기 위해서다. 이렇게 하면 찬양은 예배 안에서 흐름을 타게 되고 영적으로 탄력을 받아 예배를 절정까지 이르게 하는데 도움이 될 것이다.

블롬그렌은 또한 일관된 스타일의 박자를 찾는 것에 대한 중요성도 지적했다. 만약 예배 인도자가 빠른 찬양과 느린 찬양으로 왔다 갔다 한다면, 예배 분위기는 혼란스러워질 것이며, 강렬함과 추진력을 만들어 내기도 힘들 것이다. 마지막으로, 블롬그렌은 예배에서 다음에 부를 찬양 곡을 정하지 않는 것이 반드시 영적 민감성을 나타내는 것은 아니라고 주장했다. 그 결과는 오히려 예배를 드리는 동안 흐름이 흐트러지고 끊어질 수 있다는 것이다. 이러한 기술과 흐름을 촉진하게 하는 방법들은 더 큰 쟁점을 가져왔다. 그것은 신자들 가운데 계시는 하나님의 존재를 인식하는 것이었다. 블롬그렌이 본래 가지고 있던, 예배에서 흐름을 만드는 아이디어는 나중에 현대 예배의 표준이 되었다.

• **1980년대**

1980년대에는 흐름에 관한 문헌이 급증함과 동시에 아이디어가 확장되었다. 특히 예배의 흐름에 대한 기술과 매커니즘, 그리고 신학적 틀의 확대를 강조했다. 그 예로는 1986년 탐 브룩스(Tom Brooks)가 쓴 『예배 포럼: 예배의 즉흥성(Worship Forum: Spontaneity in Worship)』라는 제목의 기사를 들 수 있다. 그 글에서 그는 진실한 예배를 드리는 비결은 감사로 시작해 그 다음은 찬양, 그리고 예배로 이어지는 것이라고 언급했다.[13] 그것은 공식이 아니라 틀이었다. 브룩스는 그 '흐름'을 촉진하는 세 가지 기술을 제안했다. 첫 번째는 같은 개념의 흐름을 가지고 있는 곡들을 고르는 것이다. 두 번째는 음악적으로 같은 흐름이 있는 곡(비슷한 리듬, 키, 분위기 등)들을 선택하는 것이다. 세 번째로는 하나님 앞에 서는 걸 두려워하지 말아야 하는데, 예배에 임하는 자세를 유지할 수 있도록 부드러운 배경 음악을 연주하는 것이 도움이 될 수 있다. 브룩스는 현대 예배를 다루는 방법에 대한 틀을 제시했다. 브룩스가 하나님의 임재에 대해 얼마나 큰 관심이 있는지를 보자. 그리고 그것을 준비하는 것은 하나님의 임재를 경험하는데 도움이 된다.

예배 흐름에 대한 주요한 신학적 강조는 밥 소르기(Bob Sorge)의 『예배의 탐구: 찬양과 경배를 위한 실용적인 안내(Exploring Worship: A Practical Guide to Praise and Worship)』에서 찾아볼 수 있다.[14] 여기서 그가 예배 인도자들에게 권했던 것은 예배의 부드러운 흐름을 위한 안정적이고 일관된 리듬을 유지할 수 있도록 음악가들과 함께 일하는 것이었다. 이러한 개념의 흐름을 위해선 예배 인도자가 기악 연주가인 것도 중요한 요소다. 그 변화는 이제 분명해졌다. 예배 인도는 설교단에서 이루어지는 것이 아니라 바로 악기 뒤에 있다는 것이다. 이전에는 목사가 예배 인도자의 역할을 했지만, 이제는 음악을 잘 다루고 분위기도 적절하게 조절할 줄 아는 일반 개인이 예배 인도자가 된다는 것이다.

　소르기에게는 흐름에 있어 템포가 매우 중요하다. 템포가 조금이라도 느려지게 되면 그 공간의 분위기는 무거워지고 열정도 떨어뜨릴 수 있기 때문이다. 그리고 사람들은 그것을 영적인 억압이라고 생각할 수 있을 것이다. 그렇기 때문에 훌륭한 예배 인도자는 빠르기도 잘 유지할 것이다. 소르기에게 예배 흐름의 목적은 신자들이 인도자들을 잘 의식하지 못할 정도로 하나님 앞으로 다가가게 하는 것이다. 사실은, 이렇게 하나님 앞으로 다가가는 것이 예배를 더 부드럽고 유연하게 만드는데, 이는 그들이 영에 의해 '윤활유'가 되기 때문이다. 소르기는 이러한 기술을 이용한 예배의 흐름은 예배를 통해 하나님과 만나기 위해 성령에 의해 사용되는 것이라고 가정한다. 그래서 그는 예배에 필요한 찬양곡들의 목록은 인도자가 기도로써 준비해야 한다고 하지만, 그 "목록은 신성한(종교적인) 것도 아니며 하늘에 새겨진 곡들의 순서도 아니다. 만약 방향이 바뀐다 해도 그냥 따라가야 한다."라는 것을 기억해야만 한다. 소르기는 두 개의 주요 범주(빠른 것과 느린 것)와 두개의 하위 범주(조와 빠르기)가 있는 찬양곡들의 마스터 목록을 가지고 있을 것을 권했다. 이것이 준비되어 있다면 예배 시간에 인도자가 한 곡에서 다음 곡으로 흐름을 이어가는 데 도움이 될 것이라 주장한다.

존 윔버(John Wimber)는 빈야드 운동의 핵심 지도자이자 현대 예배의 초기 혁신가였다. 그는 예배 철학을 구축하는 기사에 "예배의 흐름을 깨지 않는다면 친밀감의 생성 및 진전을 얻을 수 있을 것이다."라고 언급했다.15 윔버는 예배의 절정을 솔로몬의 노래에서 나타난 비슷한 유사점들을 사용해 육체적인 사랑의 절정과 비교했다. 윔버는 시편 22편 3절을 이용해 하나님은 백성들의 찬양 속에 살아 계신다는 주장을 바탕으로 예배 신학을 만들었다. 예배의 정점에 도달하기 위해서는 일정한 흐름이 있어야 한다는 것이다. 윔버에게 '흐름'은 너무나도 중요하며 예배 인도자를 평가할 때, 그 사람이 예배 중에 성령의 방향을 알고 이끌어가는 지에 기준을 둔다고 주장했다. 윔버와 그의 글들은 1980년대의 현대 예배와 흐름을 이해하는 데 중요한 역할을 했다. 새로운 공동체와 교회에 현대 예배가 도입되면서 이 흐름을 처음 접하는 사람들은 그 언어와 정신을 배울 필요성을 느끼게 되었다. 윔버와 소르기, 그리고 브룩스는 이 새로운 운동의 느낌과 전문 용어들을 가르치는 인도자들로 알려졌다.

특히 아프리카계 미국 계열의 오순절주의와 현대 예배의 연결고리 역할을 했던 역사적 프로젝트는 1989년 웨스트 앤젤레스 COGIC "Saint in Praise"라는 하나의 CD였다.16 이것은 대부분의 블랙 가스펠 음악 공동체가 초창기 또는 가장 처음으로 접한 찬양과 경배 프로젝트였다. 그 CD에는 현대 합창단들의 메들리, 즉흥적인 찬양의 시간, 그리고 음악이 깔린 말씀 등이 들어있다. 또한 여러 메들리로 연결된 곡들은 같은 빠르기와 조를 가지고 있었다. 이러한 움직임을 통해 알 수 있는 것은, 1980년 후반에 흐름의 개념이 현대적 방식으로 예배 드리는 교회들에서 일반적인 관행이 되었다는 점이다. 또한 고전적인 오순절 교회들이 현대 예배의 물결을 타고 있을 때 일어난 변화라는 것도 알 수 있다.

• 1990년대

1990년대에는 현대 예배에 대한 문헌이 발전 확대되었으며, 심지어 주요 신자들과 함께 더 전통적인 복음주의 신자들이 현대 예배를 구현하기 위해 움직이고 있었다. 오클라호마 주 델 시티(Del City)에 있는 대규모 침례교회의 찬양과 경배를 담당하는 사역자인 돈 맥민(Don McMinn)은 그의 책 『찬양의 실제: 예배 갱신에 관한 안내서(The Practice of Praise: A Handbook on Worship Renewal)』에서 현대 예배의 전형적인 은사적 형태인 감사와 찬양과 경배를 주장했다.17 그가 주장하기를, 예배 인도자는 예배가 어떻게 진행되고 있는지 감지하는 데 힘써야 하며, 필요할 경우 조정도 할 줄 알아야 한다고 했다. 맥민은 예배의 흐름을 원활하게 하기 위해 예배의 메커니즘을 부드럽게 실행하는 방법에 대해 토론하는 시간을 주었다. 그는 이 장에서 언급된 다른 모든 작가들과 마찬가지로 하나님의 임재를 쉽게 경험할 수 있도록 현대의 경배와 찬양 환경에서 원활하게 진행할 수 있는 방법에 관심이 많았다.

1990년대는 예배의 흐름에 있어 신학적이고 기술적인 발달이 지속됐다. 탐 크라우터(Tom Kraeuter)는 『효과적인 예배의 목회 개발"(Developing an Effective Worship Ministry)』[18]에서 예배의 흐름을 원활하게 해줄 수 있는 신학적 논리를 구축했는데, 그것은 "하나님은 우리의 찬양 안에 계신다."라는 것이다. 그에 의하면 음악은 사람들의 관심을 모아 하나님께 집중시키게 만들어 줌으로써 하나님이 사람들에게 역사할 수 있게 해주는 것이다. 또한 흐름은 사람들이 하나님께 더 오랜 시간 집중할 수 있도록 도와주며, 연속적인 흐름은 사람들이 하나님께 집중할 수 있는 편안한 분위기를 만들어 준다.[19] 크라우터의 흐름에 대한 신학적 방향은 교회의 성장을 위한 것이 아니라 영적인 성장을 위한 것이다. 크라우터를 비롯해 다른 여러 사람들에게 흐름은 중요한 영적인 문제다. 그것은 영적인 분별력이 증가되는 상태에서의 내적인 여행이며, 하나님의 움직임을 바로 인식하고 적절하게 반응하는 것을 쉽게 만들어준다. 그와 비슷하게 린 허스트(Lynn Hurst)는 『곡을 바꾸다! 현대 예배를 만들기 위한 음악인들의 안내서(Changing Your Tune! The Musician's Handbook for Creating Contemporary Worship)』에서, 음악을 통해 '예배의 흐름을 돕고' 이를 모두 하나로 묶어 줌으로써 완전한 예배를 경험할 수 있게 만들어 주는 것이 바로 예배 인도자의 목표라고 주장했다.[20] 허스트는 예배를 하나님과 사람들의 존재를 경험할 수 있게 해주는 것이라고 표현했다. 이러한 경험의 말씀은 예배에 일정한 흐름이 있다는 것을 합리화하는데 도움을 주었다.

1990년대 후반에는 영향력 있는 대규모 교회들이 이러한 흐름의 개념을 재구성하여 다양한 교회들에게 널리 보급했다. 예를 들어 1999년에, 캘리포니아의 새들백(Saddleback) 교회에서는 예배를 위한 IMPACT(영감, 움직임, 찬양, 경배, 헌신, 그리고 묶음) 패러다임의 음악 컨퍼런스를 제공했다.[21] 이러한 패러다임은 예배 분위기를 조성하는 데 있어 음악의 종류와 음악의 전반적인 흐름을 안내해주는 데 도움이 되는 것이다. '영감'은 사람들을 하나님 앞으로 다가가게 하는 밝고 빠른 곡과 상관이 있다. '움직임'은 신자들을 찬양으로 움직이게 만드는 또 다른 흥겨운 곡과 상관이 있다. '찬양'은 은사주의 문학에서 자주 보듯이 하나님께 드리는 흥겨운 곡을 나타냈다. '경배'는 친밀감을 키워주는 보다 느린 곡을 의미했다. '헌신'은 예배 중에 자신을 살아있는 희생물로 하나님께 바치는 것에 대한 표현과 연관이 있다. '묶음'은 설교 뒤에 이어지는 찬양 곡으로 말씀 중에 나왔던 내용을 모두 하나로 만들어 표현하는 것이었다. 이러한 패러다임으로 생기는 패턴은 예배의 흐름을 통해 한 사람의 마음과 인격을 하나님의 임재 앞으로 인도하게 한다.

• 2000년대

2000년대에 들어서면서 흐름에 관련된 현대 예배의 문헌은 20년 이상 존재해왔다. 그러나 흐름에 대한 개념은 꾸준히 발달되었다. 이는 케빈 나바로(Kevin Navarro)가 예배를 주제별로 만들겠다고 주장했던 『완전한 예배 인도자(The Complete Worship Leader)』에 특히 더 잘 나타나 있다.[22] 이러한 훈련은 "탄력을 받는 데 있어 매우 효과적인" 방법이다. 음악의 '기술'뿐 아니라 '주제'가 예배에 흐름을 넣어주는 방법이 되었다. 나바로는 그의 독자들에게 예배 중에 에너지 수준이 하나일 때 사람들은 관심을 잃을 수 있기 때문에, 예배 전체의 수준에 관심을 가지라고 말했다. 이는 바로 '에너지'가 하나님의 존재를 느끼게 해주는 열쇠이기 때문이다. 그는 새로운 키에 알맞게 조절하는 방법에 대해 논의를 하게 만들었고, 기도 시간과 즉흥적인 찬양을 할 때 오픈 코드 방식[23]으로 진행해 나갔다. 이 모든 것들은 예배의 흐름을 성공적으로 이끌기 위해 필요한 것들이다.

1990년대와 2000년대 시장에 현대 예배의 음악이 확대되면서 예배 예술가들은 예배에 관한 자료들을 만들어내기 시작했다. 달린 첵(Darlene Zschech)은 현대 기독교 음악 분야의 주요 인물이었다. 그녀는 시드니에 있는 대규모 교회를 기반으로 한 오스트레일리아의 은사주의 예배 단체인 힐송(Hillsong)의 일원이었다. 첵은 그녀의 책 『Extravagant Worship(넘치는 예배)』에서 예배에는 자연적인 변화가 있다고 주장했다.[24] 그녀는 예배가 열광적이고 높은 찬양에서 깊고 풍부한 예배로 나아가는 것을 마음속에 그렸다. 이는 웜버가 가지고 있던 '예배의 절정'과 '감사에서 찬양, 그리고 경배로 이어지는 흐름'의 초기 개념들과 매우 유사했다. 다시 한번, 첵은 현대 예배의 가설과 흐름에 대한 강조를 예시했다. 그것은 하나님의 임재로 깊이 들어가기 위해 자기 자신을 기술적으로 그곳에 자리 잡게 하는 것이다.

2000년대에 기술이 발달되면서, 흐름에 대한 인도와 가르침은 첵과 다른 이들이 인도했던 것을 따랐다. 2003년에 폴 발로쉬는『예배 인도: 흐름을 만들다(Leading Worship: Creating Flow)』라는 역사적인 교육용 DVD를 출시했다.25 발로쉬는 예배의 목표는 하나님과의 진정한 만남이라고 주장했다. 이를 이루기 위해서는 예배 인도자가 '흐름'을 잘 이용해야 한다고 말했다. 이는 방해와 중단을 피하고 부드러움과 매끄러움을 유지하기 위해 노력함으로써 달성할 수 있는 것이다. 발로쉬는 흐름의 감각을 이야기하면서 그것은 마음으로부터, 그리고 하나님과의 관계에서부터 시작되는 것이라고 표현했다. 그는 예배를 인도하는 것은 개인적으로 드리는 예배가 넘쳐나서 확대되어야 한다고 말했으며, 템포와 키의 기본적인 구분이 있는 주요 목록을 짜는 것과 통일성을 만들기 위한 주제별 접근 방식의 중요성을 주장했다.

  이것은 교육용 비디오였기 때문에, 이 비디오에서 발로쉬는 흐름을 만들어 내는 방법으로, 음악가들에게 변화를 알려주기 위한 다양한 중요한 점과 악기의 신호를 가르쳐줄 수 있었다. 발로쉬는 또한 음악가들에게 어떻게 하면 원활한 흐름을 위해 훌륭한 곡을 만들 수 있는지 예배 안에서 함께 일하는 방법을 알려주었다. 발로쉬의 DVD는 예배의 음악적, 발성적, 그리고 수사적인 측면을 다루고 있다. 흐름의 전환에 있어 중요한 것은 곡과 곡사이에 적절하고 "맞다고 느껴지는" 짧은 구절을 찾아서 쓰는 것이다. 또한 시편을 익히고 암기해 그 말씀들을 즉흥적으로 사용할 수 있도록 하는 것이 중요하다고 말했다(6장 참조).

25년이 넘는 자료들과 발전을 통해 몇 가지 변화가 제안되고 있다. 그러나 이러한 제안들은 대부분 용어와 관련되어 있다. 특히 밥 카우플린(Bob Kauflin)은 『예배의 중요성: 하나님의 위대함을 알리기 위해 다른 사람들을 인도하기(Worship Matters: Leading Others to Encounter the Greatness of God)』에서 흐름이라는 용어를 인정하면서도, 주제를 만들어 내기 위한 점진적인 예배를 기획하는 것을 선호했다.[26] 그러나 그의 나머지 작품들은 흐름을 구상하는 전통적인 방식을 따랐다. 그는 이러한 진행을 성공적으로 이루기 위해서는 적절한 전환이 이루어져야 한다고 주장했다. 즉, 곡들 사이에 가사의 단어들을 연결시키는 것과, 누구를 가리키고 있는지 이해하는 것, 그리고 거기에 나오는 대명사가 개인인지 복수인지를 알아채는 것이다.

2013년에 댄 윌트(Dan Wilt)는 『록 스타가 아니어도 예배를 잘 인도할 수 있는 방법: 8주간의 학습(How to Lead Worship Without Being a Rock Star: An 8 Week Study)』이란 책을 출간했다.[27] 윌트는 빈야드 운동과 매우 밀접하게 연관되어 있었다. 이 책에서 놀라운 점은 윌트가 흐름과 전환의 기본 원리가 적용될 것이라고 가정해, 빠르기가 흐름을 만들기 위한 방법이라고 말하지도 않는다는 점이다. 여기까지는, 거의 모든 저자들의 책들이 '템포'와 '흐름과 템포의 관계'에 대해 언급해왔다. 이는 '흐름'이 현대 예배에서 일반적인 전문 용어가 되었다는 점과 현대 예배에 관한 논의 안에 뿌리를 내렸다는 사실을 말해준다.

현대 예배에 있어서 흐름의 중요성

초기 빈야드 교회들에서 볼 수 있듯이, 1970년대 중반에 이미 현대 예배를 실천하는 교회들 사이에 유기적으로 발전하는 흐름이 있었다. 예를 들어, 남부 캘리포니아에 있는 켄 걸릭슨(Kenn Gulliksen)의 초기 교회에서는 자연스러워 보이는 회중 찬송의 연장된 시간이 있었다. 그것은 음악뿐만이 아니었다. 걸리슨의 모범적인 지도력 아래, 사람들 사이에 자석과 같은 실질적인 사랑이 있었다. 악기 연주자들이 한 곡에서 다른 곡으로 옮겨갈 때, 서로를 위해 기도해주면서 길어진 회중의 찬양 시간에 머무는 능력은 모두 예배의 흐름에 달려 있다. 현대 예배의 초기 모습과 흐름의 틀에서 주요 현대 예배 운동에 이르기까지, 흐름은 현대 예배 정신에 필수적인 것이었다.

흐름은 왜 중요한 것일까? 그리고 그것이 지역 교회의 예배에 기여하는 것은 무엇일까? 목회자나 음악 사역자가 왜 그것을 지역 교회의 예배 철학에 접목시켜야 하는가? 첫째, 예배에 있어서 흐름은 당신을 하나님의 임재로 다가가게 만들어준다. 예배 인도자들은 배경 음악이나 다른 요소들을 사용해, 한 곡에서 다른 곡으로 이어지게 하기 위해 이러한 흐름의 개념을 사용한다(4장 참조).

음악의 흐름은 하나님의 임재를 보다 잘 깨닫게 하는 분위기와 환경을 만들어 주는 데 도움을 준다. 중세 교회의 건축을 생각해보자. 중세 유럽이나 콘스탄티노플의 건축은 신자들에게 경외감을 불러일으켰다. 스테인드글라스와 높은 천장, 성전의 디자인이 가지고 있는 모든 섬세함에 대한 관심은 사람들에게 전능하신 하나님이 그들 가운데 실제로 살아 계시고 예배 안에서 그들을 인도해 주신다는 느낌을 떠오르게 만드는 데 목적이 있다. 현대 예배자들을 위한 흐름도 비슷한 방식으로 진행이 된다. 그 예배에 참석하는 사람들은 찬양 속에서 하나님을 만난다. 한 곡에서 다른 곡으로의 흐름에 있어서 적절한 전환점으로 이어진다면 경외심을 불러일으키는 예배의 본질을 이어갈 수 있다. 이러한 이유로 위의 저자들이 적절한 전환점의 필요성을 강조한 것이다. 한 곡에서 다른 곡으로의 전환을 깨는 것은 예배 안에 하나님의 존재에 대한 인식을 바꾸기도 하고 파괴시키기도 한다. 수백 번의 예배를 진행해본 나는, 올바르지 않은 전환이 가져다줄 수 있는 피해를 직접 보았다. 한 지점에서 그와는 전혀 다른 것으로 가는 것에 대한 부자연스러운 느낌은 사람을 혼란 속으로 빠져들게 만든다. 반면에 예배 안에서의 흐름은 사람과 하나님이 연결될 수 있도록 도움을 준다.

시간과 그 속박, 그리고 그 한계에 의해 움직여지는 사회에서는 흐름의 개념으로 인해 하나님의 존재를 천상의 것, 그리고 무언가 진정한 것을 떠오르게 만든다. 하나님이 진정으로 영원하시다면, 하나님에게는 시작도 끝도 없다. 하나님의 영원한 존재는 올바른 흐름이 있을 때 예배 안에서 경험할 수 있는 것이다. 한 곡에서 다른 곡으로 쉽게 넘어가는 것이 예배의 분위기를 깨뜨리진 않는다. 그것은 오히려 예배자들로 하여금 그들이 끝이 없는 하나님의 영원한 존재를 느끼며 천국에 함께 있다는 느낌을 불러일으킨다. 예배 안에서 찬양의 흐름을 타게 되면 신자들 가운데 영원하다는 것을 인식하게 만들어준다. 이는 하나님의 임재로 다가가게 만들어 주는 것이다. 예배 목사이자 교회 개척자로서, 내 경험으로 이야기 할 수 있는 것은, 현대 예배가 적절하게 진행이 된다면 영원한 천국의 분위기를 쉽게 만들어 낼 수 있다는 것이다. 나는 사람들이 오랜 시간 흐느끼며 우는 것을 보았다. 모든 찬양을 부를 때 양손을 들고 부르는 예배도 있었다. 그것도 꽤 오랜 시간을 말이다. 이 예배자들은 하나님의 임재 앞에 함께 있다는 것, 그리고 시간은 아무런 의미가 없다는 것을 느꼈다. 그리고 이것은 흐름의 기술을 적용할 때에만 일어날 수 있는 것이다.

둘째, 흐름은 예배에 있어서 성경적 스타일을 나타낸다. 요한계시록 4장에서는 "거룩하다 거룩하다 거룩하다 주 하나님 곧 전능하신 이여 전에도 계셨고 이제도 계시고 장차 오실 자라 하고"라고 끊임없이 선포하는 네 생물체에 대해 이야기한다. 그들의 예배는 끊임이 없다. 어색한 전환의 시간도 없다. 그들은 계속해서 예배의 맥을 따라 흐르고 있다. 밤낮으로 그들은 찬양의 언어를 절대 멈추지 않는다.

현대 예배의 많은 인도자들과 예배자들은 그들이 드리는 예배의 뿌리가 성경 안에 뿌리를 두고 있다고 보았다. 돈 맥민(Don McMinn)은 『찬양의 실제: 예배 갱신에 관한 안내서(The Practice of Praise: A Handbook on Worship Renewal)』에서 시편을 예배의 열쇠라고 표현했다. "성경의 첫 번째 찬양집은 예배로 향하는 3

단계 과정을 우리에게 제시해주었다. 그 순서는 감사, 찬양, 경배"다.[28] 이것은 시편 22편 3절과 95편 2절, 그리고 100편 4절에 대한 그의 해석이다. 맥민과 수많은 사람들은, 이 3단계의 순서 안에서 교회 예배의 흐름을 만들어내는 성경적인 예배 패턴을 보았다. 다른 사람들은 예배 안에서 이곳저곳으로 흐르는 것을 구약 성경에 나오는 교회와 성전의 상징으로 여기기도 했다. 성직자가 예배당 바깥 부분에서 안쪽 부분으로, 그리고 가장 거룩한 곳으로 옮겨 가듯이, 예배자도 흐름과 패턴을 이용해 하나님의 깊은 임재 속으로 들어갈 수 있었다. 그렇기 때문에 흐름이란 현대적 개념에서의 엔터테인먼트가 아니라 성경에서 찾아볼 수 있는 예식의 패턴을 반영한 것이다. 대부분의 예배자들은 성경에서 본 예배의 패턴이 뚜렷하기 때문에 그것을 예배에 진실되게 임할 수 있는 가장 좋은 방법이라고 생각했다. 결국, 성경은 예배의 패턴을 제공해주며, 전체의 일부가 된 상태를 유지하면서 이곳저곳으로 이동하며 흐름의 수준을 세워가게 된다.

셋째, 흐름은 성경의 패턴을 반영하기 때문에 예배의 움직임 속에서 신자들을 인도하는 데 목적이 있으며, 따라서 예배를 총체적이고 사려 깊고 통일된 것이라고 할 수 있다. 예배에 있어서 흐름의 기술을 활용하는 것은 현대 예배의 다양한 분야를 경험하는 데 도움이 된다. 앞에서 언급한 바와 같이, 여러 저자들이 예배를 위한 중요한 틀로 주제를 사용할 것을 제안했다. 이러한 주제를 사용하는 접근 방식이란 찬양곡과 성경, 그리고 예배의 전반적인 진행 등 모든 것이 함께 모여 어떤 반응이나 결과를 가져오는 절정의 순간이 오는 것을 의미한다. 이렇게 잘 짜인 구조는, 성령의 임재를 통해 자연적으로 목적이 있는 예배의 순간을 만들어낸다. 성경에 의한 예배 패턴이 사람들을 하나님의 임재로 인도했듯이(즉, 성막 모델) 흐름도 예배에 있어서 사려 깊음과 통일성, 그리고 목적을 만들어내는 데 도움을 준다. 많은 교회에서는 예배가 일주일에 한 시간이나 한 시간 반 동안 진행이 되는데, 이 경우 하나님의 임재를 경험하기 위해서는 예배의 목적과 준비가 잘 이루어졌는지 꼼꼼하게 확인할 필요가 있다. 흐름의 개념과 원리를 잘 활용한다면 이렇게 짧은 시간의 예배가 분명 좋은 방향으로 의미 있게 드려질 것이다. 중, 소규모 교회에서 예배 목사로 활동한 나는 일주일 내내 목사님과 함께 설교와 예배의 전반적인 방향에 대해 소통을 한다. 나는 찬양 곡들과 설교에 대한 결단 곡 등을 준비한다. 통일성과 사려 깊은 예배를 위한 이러한 소통은 진실로 변화되는 예배의 순간들을 용이하게 만들어줬다.

　40년 전과 비교해보면, 현재 주요 신자들 사이에서 현대 예배와 흐름의 틀을 실행 가능하게 해주는 정보와 문헌, 훈련 등이 훨씬 더 많다고 본다. 현대 예배와 흐름의 개념은 오순절 교회들로부터 유래된 것이지만, 이 장에서는 그 특정한 전통 안에서나 밖에서 예배를 인도해 왔던 모든 이들로부터의 가르침을 알려주고 있다. 현대 예배의 역사적 발달을 살펴보면, 좋은 흐름에 대한 관심은 이러한 방식의 예배에 있어 DNA의 일부임을 알 수 있다. 오순절을 따르지 않았던 현대 예배의 초기 지도자들조차도 여러 전통 예배에 대한 두려움, 예배 활동 사이에 나타나는 공백 시간 등을 줄이는 데 관심을 보였다. 이 장에서는 현대 예배에서 원활한 흐름을 위한 역사적, 이론적인 틀을 제공해 주려고 노력했다. 이어지는 장들에서는 흐름을 원활하게 만들어줄 음악 및 목회 지도력에 관한 구체적인 내용을 다룰 것이다.

제 2 부

생각의 전환

제 3 장

예배 순서란 무엇인가?

아담 페레즈 Adam Perez

예배 전문가들을 비롯한 일부 예배 역사학자들은 모든 시대와 공간의 기독교 예배를 하나로 묶어주는 기반은 모임, 말씀, 성찬, 그리고 파송으로 이루어지는 4중 구조의 순서라고 말한다. 그동안 예배를 진실하고 선한 것으로 입증하기 위해 역사적인 선례들 속에서 예배의 규칙을 세워왔다. 이는 기독교 예배의 올바른 순서를 위한 끈질긴 추구이며, 칭찬할 부분이 많다. 하지만, 순교자 저스틴(Justin Martyr)과 같은 고대인들이 이런 주제를 묵묵히 접했을 때, 그들은 다른 생각을 가지고 있었던 것 같다. 순교자 저스틴의 설명에서도 분명 순서를 증명해주지만, 그는 예배를 누가, 어떻게 진행하는 지에 대한 것을 순서로 오인하지 않는다. 저스틴의 설명은 예배의 구조에 대한 것이기도 하지만 예배의 지도력에 관한 것이기도 하다. 아마도 더 그럴 것이다.

　기독교 예배의 본질을 보면, 그 어떠한 순서를 따르던, 그것은 단순히 순서의 문제가 아니다. 기독교 예배의 기본적인 현실은 분열이 아니라 본질적으로, 크게 하나로 통합이 되는 것이다. 그것은 예배와 설교 또는 말씀과 성찬의 2중 구조의 패턴에서는 정의되지 않았다. 또한 찬양예배나 설교, 그리고 영접 기도(Altar call)[29]의 3중 구조의 순서에 관한 것도 아니다. 그리고 그 어떤 것도 모임, 말씀, 성찬, 파송의 4중 구조의 순서라고 보지 않는다. 그것은 바로 하나님과 그의 백성들과의 다양하고 본질적인 만남이다.

　당신들 교파의 예배 책들이 주는 가르침을 무시하고, 당신들 예배의 전통에서 벗어나라고 하는 것에 대해 우려할 수도 있을 것이다. 하지만 그와는 반대다. 우리가 제안하는 것은, 고대 예배의 정신에 충실하려면 고대 교회의 예배를 추구하던, 예배 갱신주의자들이 되찾으려고 했던 것과 같은 예배를 보다 현대적으로 만들어야한다는 것이다. 언뜻 이해되지 않는 것처럼 보이지만, 앞으로 전진 할 수 있는 길은 오늘날의 예배 지도력을 얻기 위해 과거의 시간을 되돌아보는 것으로부터 시작된다.

　이 책의 서론에서는, 적극적인 시간의 분별력과 즉흥성, 그리고 예배의 본질적인 행위에서 벗어나면서 생각의 발달에 대한 역사를 소개했다. 우리가 물려받은 예배의 순서와 교재들이 의심스럽다고 생각하기 쉽겠지만, 제안하는 것은 그것이 아니다. 내가 반복해서 이야기하는 건, 우리는 당신이 교파의 예배 책들과 그것이 가지고 있는 훌륭한 자료들을 다 내던져 버리라고 제안하는 것은 아니라는 것이다. 고대 책들, 그리고 새 책들도 마찬가지로 개선과 복구는 교회에게 선물이었다. 그러나 그것들은 올바른 맥락에 맞게 다시 맞춰 넣어야 할 필요성이 있다. 이러한 맥락은 형식적이 아니라, 그것들을 목표가 있는 자료들로 다루는 것이다. 그 목표는 바로 고대 예배의 영혼이며, 찬양과 경배의 영혼이다.

우리가 고대인들의 정신을 되찾고자 한다면, 우리의 생각에 변화가 있어야 한다. 그것은 예배의 경험과 지도력에 초점을 맞추기 위한 변화다. 그것은 또한 시간에 대한 생각과 즉흥성, 그리고 순서를 구성하는 주요 행위들의 변화를 의미한다. 이는 두 가지 방향의 변화를 말하는데, 그 중 하나는 예배에 있어서 기본적인 것이 무엇인가이며, 또 하나는 그 요소들을 어떻게 이끌어갈 것인지를 재구성하는 것이다. 우리는 일의 계획에 대한 생각에서 경험에 대한 생각으로, 정해진 순서에 의한 것들에서 서술적 틀 안에서의 중요한 행위들로, 마이크를 나누는 작은 동네 모임에서 삼위일체 하나님을 만나는 집단으로, 생각을 변화시켜야만 한다. 이러한 변화를 성공적으로 이루기 위해서는 예배의 기획과 지도력, 즉 회중 가운데 어떤 미덕과 기술을 키워야 하는가?

순교자 저스틴은 이 목표를 달성하기 위해 몇 가지 아이디어를 가지고 있었던 것 같다. 그것은 시간에 대한 열린 사고, 즉흥성을 위한 생각 있는 분별력, 그리고 행위 지향적인 예배 등에 중점을 두는 것이었다. 이 장의 나머지 부분에서 우리는 전 기독교적인 4중 구조 예배 순서의 각 단계에서 그것을 살아나게 만드는 기획과 지도력에 어떻게 적용될 수 있는지 그 방법을 모색할 것이다. 다음 장에서는 흐름에 관해서 구체적으로 살펴보고, 예배의 흐름을 원활하게 만들어 줄 수 있는 기획과 지도력의 종류도 알아볼 것이다.

평범한 사람으로서 하나님께 예배 드리는 것

하나님은 우리를 있는 모습 그대로 만나신다. 이것은 소탈한 예배나 예배 장소에 있어서, 그리고 예배 안에서 하나님을 경험할 것이라는 기대감은 현대 예배의 진리다. 현대 예배에서는, 우리는 있는 그대로의 우리일 뿐이고, 그 이상도 그 이하도 아니라고 굳게 믿고 있다. 우리에게는 소망도 있고 실패와 결점, 희망, 기대, 그리고 깊은 욕구도 있다.

나에게는 제도적으로 예배의 일부 영역을 벗어나는 것을 포함해 예배 안에서 일어나는 그 어떤 것에도 자동으로 반응하는 친구가 있다. 이러한 요소들이 인간 상태에 대해 너무 많은 것을 이야기하든, 성경 말씀보다 체험에 더 집중을 하든, 아니면 지나치게 자기 자신을 향한 것처럼 보이든, 그 친구는 예배가 '신학보다는 너무 인류학적'이라고 반론을 제기했다. 그가 말하는 요점은 분명하다. 예배가 '하나님에 관한 것', 그리고 '하나님이 말씀하시는 것'이라는 느낌을 주었으면 하는 마음이다. 그에 대한 나의 냉소적인 반응은 보통 "하지만 하나님은 인간으로 나타나셨고 인간으로서 하늘로 올라가셨다. 이것이 인류중심주의를 충분히 입증해 주는 것 아닌가?"다. 또 다른 친구는 최근에 자신의 트위터에 "하늘의 예배에서 우리는 예수 그리스도의 성육신 즉위식을 통해 하늘에 있는 인류에 대해 근본적으로 재조명하는 것을 본다."라고 언급하기도 했다.

내가 하는 이 모든 이야기에는 한 가지 목적이 있다. 기독교 예배는 '예배 안에서의 인간의 경험'과 '인간의 예배 경험'에서 벗어날 필요가 없다는 것이다. 하나님과의 만남에 대한 성경 말씀과 관련된 사람들에게 늘 극적인 일들이 일어나고 있다는 것은 놀랍지도 않다. 하나님께서 나타나시면 강하고 매우 인간적인 응답이 뒤따를 것이라는 사실은 거의 정해졌다고 본다. 그리고 단테의 신곡 제1부 지옥편(Inferno)을 인용하자면 그것은 종종 "삶의 중간"에 일어난다. 이사야는 절망적으로 "화로다"라고 외치며 쓰러졌다(이사야 6:6-8). 우물가에 있는 여인은 집으로 달려가서 증언을 하기 위해 물을 떠온 그녀의 목적을 완전히 잊어버리게 된다(요한복음 4장). 엠마오로 가던 제자들은 예수님이 떡을 떼어주실 때 그를 알아봤으며, 그들의 마음은 '불타올랐다.' 그리고 7마일 거리의 예루살렘으로 다시 돌아갔다(누가복음 24장). 사울의 만남과 새로운 사명은 그의 눈을 멀게 만든다(사도행전 22장). 요한은 아무도 책을 열어볼 수 없다는 말에 크게 울며 절망했다(요한계시록 5장). 그 예는 계속될 수 있다. 이런 극적인 일들은 사실 일반적이었을 것이라고 추측할 수 있다. 다소 평범한 일이었던 것이다.

우리 그리스도인들이, 예배는 우리가 하나님을 만나는 곳이며 예배를 통해서 그를 만날 수 있다고 진정으로 믿는다면, 우리의 온몸이 그에 영향을 받아 반응한다는 것은 놀랄 일이 아니다. 나는 구체적으로 사람들이 "은사주의"나 "성령 충만한" 것으로 생각할 수도 있는 경험에 대한 것을 말하는 것은 아니다. 내가 하는 이야기는 하나님을 만나는 육체적인 드라마에 더 가깝다. 내가 봤을 때, 많은 예배 글들에는 이런 강력한 경험에 대한 기대감이 매우 부족하다고 생각한다. 나는 많은 예배들을 봤을 때 "졸린", "피곤한", 그리고 "지루한" 것으로 묘사하기 쉽다고 생각한다. 나에게 문제가 있는 것일까? 아니면 예배가 문제일까? 아니면 그 두 가지 모두일까? 나는 예배 중에 삼위일체 하나님의 임재를 왜 그렇게 느끼지 못하는 것일까?

지금이 바로 많은 인기 있는 예배나 교회의 교재자료들이 예배를 보다 적절하게보다 흥미롭게, 또는 더 재미있게 만들어주는 방법을 제시해 줄 때인 것 같다. 어떤 이들은 예배를 "주일 축제 예배"라고 부르기 시작했다. 그러나 이 책은 그 책들과는 다르다. 이 책에서는 다시 기독교의 깊은 본질로 돌아가 우리가 물려받은 4중 구조 순서 뒤에 숨겨져 있는, 우리가 필요한 것들을 찾아보도록 할 것이다.

관찰에서 행위로: 4중 구조 순서

고대인들을 반영하는 예배로 접근하기 시작하려면, 우선 몇 가지 중요한 질문들에 대한 답을 찾아야 한다. "올바른" 순서가 무엇인지, 예를 들어 "어떤 것이 올바른 구조인가?"를 묻는 대신, 순서는 "무엇을 위한 것"인가를 물어야 한다. 다시 말하자면, 4중 구조 순서의 예배에서는 그 구조를 통해 무엇을 성취할 수 있는 것인가? 더 구체적으로 묻자면, 예배의 각 부분들이 전체 예배에 어떻게 관련이 되어 있는가?

당신이 만약 매우 친절하고 상냥한 기자라고 잠시 가정해, 교회를 방문해서 "예배"와 관련된 것들을 묘사하는 글을 쓰는 임무가 주어진다고 생각해보자. 당신은 교회에 익숙하지 않고, 무슨 일들이 일어나는 지 등 분위기를 파악하기 위해 의자에 앉는다. 주보나 교회 안내 책자, 프로그램 등 아무런 자료도 없이 오로지 당신의 눈과 귀로 보고 듣는 것에만 의존해야 한다. 당신은 이 교회에 대해 어떤 이야기를 써줄 수 있겠는가? 사람들이 어떤 종류의 활동에 참여하고, 그것들은 무엇을 의미하는가? 그들은 왜 그 활동을 하는 것인가? 가장 중요한 활동은 어떻게 보여주는가? 예배에 있어서 누가 말을 하거나 인도하고 있고 어떻게 하고 있는가? 몸짓 언어와 톤은 어떤가? 그리고 말로 하는 것 이외에 또 무엇을 전달하고 있는가? 성도들은 언제 가장 집중적으로 참여를 하는 것처럼 보이며 또 언제 가장 산만하고 지루해 보이는가? 사람들이 무엇을 느끼고 경험하고 있는 것처럼 보이는가? 그들은 그 예배를 어떻게 시작하고 마치게 되는가? 그 예배에 가장 핵심이 되거나 절정을 이루는 부분은 어느 부분인가? 사람들은 어느 곳에 어떤 식으로 앉아있는가?

이러한 예배가 보여줄 수 있는 것은 상당 부분 신자들에게 달려 있다. 여기서 알 수 있는 것은 예배의 구조 그 자체가 활동을 뒷받

침 해주기는 하지만, 초점은 아니라는 점이다. 또한 당신은 신자들의 예배에서 바꾸고 싶은 점들을 몇 가지 발견할 수도 있다. 위에 적은 질문들은 우리가 예배의 중심에 설 수 있도록 도움을 주는 것들이다. 결국, 우리가 예배를 하나님이 하나님의 백성들을 만나는 곳이라고 생각하고, 그곳에서 서로 소통하고 선물을 교환하며 사람 간의 교제를 나누는 곳이라고 믿는다면, 그 구조의 목적은 분명하게 드러난다. 4중 구조 순서의 예배가 좋고 건전한 형태이긴 하지만, 그것은 하나님과 인간의 만남을 도와주는 역할을 할 뿐이다. 그리고 그 만남의 반은 인간이기 때문에, 단체 예배를 기획하고 이끄는 우리의 행동과 태도는 예배 안에서 성도들이 하나님을 경험하는 데 큰 영향을 미친다.

상황을 뒤집어 놓고 예배 기획자나 인도자의 입장이 되어 보자. 그리고 기자가 와서 예배를 살펴볼 것이라는 것도 알고 있다. 그 기자가 무엇을 봤으면 좋겠는가? 예배를 통해 그들에 대한 하나님의 사랑을 어떻게 느끼기 바라는가? 하나님을 찬양하고 경배하는 중요성에 대해 어떻게 신호를 줄 수 있을 것인가? 예배의 깊은 본질을 볼 수 있게 하고 실제로 느끼게 하기 위해 당신은 무엇을 할 수 있겠는가? 당신이 인도자로서, 구원의 역사를 이루신 하나님의 거룩하심을 신자들에게 전달하고 알게 하는 것을, 예배를 통해서 어떻게 이뤄지게 할 수 있는가? 사실, 많은 것을 할 수 있다.

4중 구조 순서 예배의 네 가지 요소들을 각각 살펴보고, 집단 예배에서 각각 어떤 기승전결을 보여주고 있는지 보도록 하자. 우리는 계속해서 그 단순하지만 중요한 질문을 할 것이다. "여기서 무슨 일이 일어나고 있으며, 왜 일어나고 있는가?"

모임(Gathering)

연합 감리교회(United Methodist)의 예배 순서를 보면, '모임'의 시간은 예배의 맨 처음 순간부터 설교 전 기도 또는 성경 봉독까지를 포함한다. 그것은 "입례(만남)" 부분이라고 하며 보통 환영 인사, 교회 소식, 서로 간의 인사나 대화, 그리고 회중 음악의 소개 등이 이루어진다. 그 다음엔 인사가 이루어지고 그에 따른 응답이 뒤따르게 된다. 그 이후로 세 가지 순서가 이어진다. 찬송, 내용이 주어진 시작 기도, 그리고 찬양이다. 나는 종종 다른 많은 교회들에서 다음과 같은 요소들도 찾아볼 수 있었다. 악기 전주곡, 성가대의 입례송, 행렬 찬송, 성경구절 등이 있었고 그 밖에도 많았다. 이것들은 많은 사람들에게 예배가 "올바른 방식"으로 진행되고 있는 것처럼 느끼게 해주는 전통적인 순서의 요소들이다. 이 요소들은 기능적으로 중복이 되지만, 가능하기 때문에 가끔 함께 쓰인다. 속담에서도 말해주듯이, "단지 우리가 할 수 있다 해서, 우리가 해야 한다는 뜻은 아니다."

이 모든 다양한 특징들에 대해 지적하고 싶은 것은, 정작 이루어져야 할 예배의 중요한 행위들을 약화시킬 수 있는 위험이 따른다는 것이다. 그것은 단지 개개인이 자신의 역할을 올바르게 수행하는 것이 아니라, 모든 신자들이 하나님을 경배하기 위해 실제로 하나님 앞에 모여 있다는 것을 깊게 느끼게 해주는 것이 목표다. 그것은 그들이 모여, 하나님으로부터 듣고, 응답하고, 그 다음에는 세상 밖으로 다시 보내지는 과정의 첫 번째 단계인 것이다.

정중히 말하면, 예배의 이 부분들은 이러한 요소들이 여기에 포함되어 있는 이유나 그들이 무엇을 달성해야 하는지에 대한 목표가 정확하지 않다. 찬송가는 그 내용이 찬양의 내용이 있어야한다고 하지만, 내 경험으로 보면 사실상 모든 곡들이 사용되어질 수 있다고 본다. 최근에 나는 찰스 웨슬리(Charles Wesley)의 곡 "Forth in Thy Name, O Lord(오 주님, 당신의 이름으로)"를 "예배를 여는 찬송가(Opening Hymn)"로 기획한 예배에 참석했다. 찬송가의 내용에 맞는 제목으로, 이 찬송가보다 더 적합하고 명확한 제목을 쓴 곡도 찾기 힘들 것이다. 이 곡은 사람들이 "떠나는 것"을 준비하는 예배의 끝부분에 알맞다. 맞다, 그 찬송가는 그날의 설교 메시지와 성경 구절 내용과는 맞았지만 입례나 모임 등 시작하는 부분에 쓰기에는 적합하지 않았다. 그 예배의 경우에는, 아마도 그 예배를 기획했던 사람들에게는 단지 찬송가를 부르는 것이 더 중요했던 것 같다. 그들은 선택한 찬송가가 하나님 앞으로 모여 예배하게 하는 하나님의 부르심에 대한 응답으로 "하나님을 찬양"하는 중요한 행위를 나타낸다는 점은 그리 중요하지 않았던 것 같다.

시작 기도도 마찬가지다. 연합감리교회 찬송가에는 "Collect for Purity(정심 기도)"[30]라는 멋진 기도문이 있다. 이 기도가 해주는 역할은 하나님이 우리 안에서 일하시도록 요청하는 예배를 위한 준비라고 할 수 있는데, 이는 우리의 예배와 사랑이 더 충만하고 효과적으로 이루어지도록 성령의 권능으로 우리의 생각을 깨끗하게 정화시켜주는 것이다. 그것은 좋은 기도다. 하지만 성찬의 단계에서 말하는 고백 기도와 확신, 용서와 균형을 맞출 수 있을까? 그것은 진지한 고백이지 않았는가? 그것은 용서, 또는 용서에 대한 확신을 가지고 있어야 하지 않는가? 성찬 순서가 없는 날에만 그것을 말해야 하는가? 내가 묻는 것은 단순히 "그것을 왜 하는 것이며 나머지 예배 전체와 어떤 연관이 있는 것인가"다. 무언가를 두 번 이상 하면 안 된다는 규칙은 없지만, 초기의 행동과 그 효과에 대해 나중에 나타나는 중복된 신호는 무엇인가? 여기서 무엇이 초점인지 보이는가? 우리는 꼭 달성해야 하는 것을 이루고, '해야 할 일' 목록에서 하나를 지워 나가고 싶은 것이다. 예를 들면, '시작 기도 읽음' 그리고 '목록에서 지우기'다. 그리고 그 이후에는 예배 안에서 하나님과 우리와의 관계에 대한 이야기에 있어 중요한 행위와 그 역동적인 자질에 집중을 했으면 한다.

한 가지만 더 이야기 하겠다. 하나님의 백성을 모으는 중요한 활동을 이뤄내기 위해서는 시간이 걸리고 여러 가지 행동을 취해야 할 수도 있다. 한 가지를 한 번만 하면 사람들이 자동적으로 예배 속으로 들어와 합쳐진다고 말하려는 의도는 아니다. 내가 단순히 말하려고 하는 것은, 우리가 그 목표를 염두에 두고, 그것에 집중하고, 예배 행위, 그리고 그것을 만드는 예배자들 등이 그 목표를 향해 나아가야 한다는 것이다. 좋은 '모임'은 하나님의 백성들로서 공동체를 하나로 묶어주며 함께 예배를 드릴 수 있도록 만들어준다.

말씀(Word)

연합감리교회 순서를 따르는 예배의 다음 부분은 "선포와 응답"이다. 이것은 전통적으로 예배 안의 "말씀" 단계에 해당된다. 이 단계는 "설교"를 포함하는데, 다른 많은 글들에서 개신교 예배의 중요한 부분으로 다루고 있다. 다른 모든 예배들은 이 부분을 가리켜 절정이라고 하지만, '말씀과 성찬' 예식의 순서에서는 단지 4단계 중 두 번째 순서의 일부일 뿐이다. 연합감리교회의 순서에서는, 이 부분에서 텍스트가 제공된 설교 전 기도로 시작하며, 그 다음으로는 "성경 공과, [찬송가], [성경 공과], 찬양 또는 성가, 복음서 낭독[31](the Gospel lesson), 설교, 말씀에 대한 응답 등 계속 나열할 수는 있지만, 내가 여기서 멈추는 이유에 대해 곧 이야기할 것이다. 예배를 갱신하는 개념의 사고방식에서, 다양한 성경 읽기, 즉 네 가지, 구약, 찬송가, 신약 성경, 복음서를 강조하는 것은 더 많은 성경 내용을 의미했다. 따라서, 예배에서 이 부분은 계속해서 읽고 또 읽는 것이 반복될 것이다.

많은 글들에서는, 이렇게 읽는 부분들 역시 읽고 목록에서 지워나가는 부분들로 취급하려는 경향이 있다. 많은 성도들은 성구집을 손에 들고, 그들이 어떻게 함께 모여 있는지 그 이유를 거의 알지 못한 채 그 많은 긴 글들을 소리 내어 충실하게 읽어 나간다. 적어도 그것을 알려줄 수 있을지 없을지 모르는 설교 시간까지는 말이다. 예를 들어, 풍부한 음악적 자원이 있는 많은 전통적 예배 순서에서는, 찬송과 찬양이 종종 성가대의 합창으로 대체되곤 하는데 이는 그날의 말씀에서 다루고 있는 내용과 일치하거나 다를 수도 있다. 또한 때로는 길어지는 말씀 중간에 삽입되는, 쉬는 순서로 취급되기도 한다. 여기서 성가대는 "긴장을 풉시다." 그리고 "우리가 준비한 가벼운 찬양을 즐깁시다."라고 하는 것이다. 의사에게 치료를 받으러 갔을 때 진료 신청서를 작성하고 대기실에 앉아 차례를 기다리고 있는 느낌과 같을 수 있다. 예배의 중요한 활동 사이에 흐름이 없는 것이다.

그러나, 많은 글들에서 보였던 예배의 중요한 행위에 대한 바람, 그것들의 본질적인 목적은 예배 중에 해야 할 목록을 더 길게 만드는 것이 아니라, 예배의 성경적 내용을 늘리는 것이었다. 연속적으로 읽는 것은 마치 그것이 목표인 것처럼, "모든 것을 받아드릴" 수 있는 쉬운 방법이다. 그러나 진정한 목표는 성경에서 말한 대로 하나님의 이야기에 들어가는 성도들의 경험과 지식을 깊게 만드는 것과, 하나님의 십자가 구원에 대한 사명의 폭과 깊이를 듣는 것, 그리고 예수 그리스도의 사람을 통해 그 이야기 속에서 자신들을 발견하는 것이다.

이것은 복음이 주로 마지막 순서에서 읽혀지는 이유 중 하나다. 그 글이 다른 글들 보다 더 중요하기 때문은 아니다. 그리고 복음의 글이 없이는 예배의 내용이 바로 부족해질 것이라는 생각은 다소 순진한 생각일 것이다. 그러나 예수 그리스도의 사람이 이 글의 내용에서 절정을 이루는 부분에 중심이 되고 있지 않다면, 그것은 아마도 부족해질 것이다. 그것이 바로 글들을 정리하는 목적과 목표다. 더 나아가, 글들을 읽는 중간에 찬양으로 중단하는 것은 그 말씀 내용으로부터 휴식을 취하는 것이 아니라, 성도들로 하여금 그 말씀을 충분히 받아드리고 "아멘"을 외칠 수 있는 기회를 주는 것이다.

　많은 글들의 목표가 근본적으로 예배의 성경적 내용을 늘리는 것이라면, 길고 지루한 글들 없이도 그것을 이룰 수 있는 기회가 아주 많다. 대신, 찬양을 포함해 예배의 시작 부분이 오늘의 주된 말씀과 관련된 성경 내용에 어떻게 스며들 수 있을까? 기도와 설교, 그리고 교독문 등의 내용은 성경적 내용으로 어떻게 채워질 수 있을까? 드라마나 어린이 연극, 찬송가의 선택, 그리고 다른 창의적인 활동들이 회중들을 위해 성경적 이야기를 어떻게 열 수 있을까?

　말씀을 통해 하나님으로부터 듣고자 하는 것들의 바람에 대해 말하자면, 설교 전 기도는 어떻게 그런 바람과 관련된 중요한 역할을 할 수 있을까? 아니면, 찬양이나 춤, 침묵, 또는 이미지의 또 다른 행위는 회중들을 그 중요한 활동 속으로 어떻게 참여를 시킬 수 있을까? 우리는 하나님 말씀을 듣기 위해 얼마나 많은 방법으로 우리의 마음을 준비 시킬 수 있는가?

　'말씀' 단계는 설교를 통해 절정을 이룬다. 개신교 예배 환경에서, 절정에 이르게 되는 설교는 예배의 전반적인 경험에서 그 위치에 대한 특별한 자부심을 가지고 있다. 이는 보통 예배에 소요되는 총 시간의 50% 이상을 차지하면서, 예배 활동 중 가장 긴 부분이라 할 수 있다. 그 형식과 양식의 기술은 수많은 교실에서 가르쳐지고 개발되며, 설교를 하는 사람과 회중들의 맥락 등 상황에 맞게 적용된다. 설교라는 것은 많은 시간과 준비, 그리고 궁극적으로는 회중들의 관심으로 이루어진다는 것임은 분명하다.

그러나 나는 설교를 '예배의 행위'라고 불렀다. 많은 설교자들의 마음을 상하게 할 수도 있겠지만, 나는 설교를 개신교 예배의 주된 부분이자 중심이 되는 순서로 지나치게 강조하는 것에 대해서는 조심스럽게 접근하고자 한다. 어떤 글들에서는 "말씀과 성찬" 예식에 대해 강조를 하며 어느 정도 균형이 잡힌 구조가 되었지만, 대부분은 설교가 그들이 예배를 찾는 주된 이유가 되는 순서라는 인식이 강하다.

예배의 주된 활동을 묻는 우리의 질문을 떠올리며 여기에 적용을 해보자. 설교는 무엇을 위한 것인가? 무엇을 성취하려고 하는 것인가? 이 질문에는 다양한 답이 있으며, 설교 신학이 이를 증명해 줄 것이다. 그러나 내가 이야기하고 싶은 것은 설교를 단순히 예배 중에 가장 길면서, 시간도 가장 많이 걸리는 부분으로 만든다고 해서 그 목표를 성취하는 것은 아닐 수도 있다는 것이다. 만약 성경의 해석이나 하나님을 듣는 것, 그리고 하나님의 말씀을 우리 삶에 적용하는 것이 예배의 중요한 행위라면, 우리는 그것들이 '모임'에서부터 '파송'까지 예배 전체에 어떻게 짜여 들어갔는지도 생각해봐야 한다.

'말씀' 부분이 예배에 있어서 유일하게 메시지를 주는 순서일지는 모르겠지만, 우리가 하나님을 듣고 하나님으로부터 들리는 것을 모두 다 담을 수는 없다. 당신은 성경과 선포 속에서 하나님으로부터 듣는 작은 리듬이 예배 시간 내내 응답을 이끌어내고 있다는 것을 쉽게 알아차릴 수 있을 것이다. 이것이 왜 중요한가? 하나님에 대해 이야기하고, 하나님 말씀을 듣는 것은 예배에 있어서 중요한 행위들이기 때문이며, 그것은 사람들이 "예배"에서 하는 행위들이라는 것이다. 성경, 선포와 설교는 더 큰 범주의 예배에서 일부를 차지하고 있으며 특별히 다른 점은 없다. "말씀" 부분이 성취하고자 하는 것은 이것이다. 성경과 설교 말씀을 통해 하나님의 이야기에 대한 우리의 지식을, 하나님과의 관계 역시 넓히고 깊이 있게 만들어 주는 것이다. 그것은 이 단계에서 집중적으로 일어날 수도 있지만, 보통은 예배 전반에 걸쳐 이뤄진다.

성찬(Table)

만약 당신이 예배 관련 도서들을 계속해서 보아왔다면, 내가 앞부분에서 몇 가지 사항들을 빠뜨렸다는 것을 알아차렸을 수도 있다. 그것은 말씀에 대한 응답, 예를 들어 신앙고백으로의 사도신경, 염려와 기도, 성찬으로의 초대, 고백과 용서, 평화, 그리고 헌금이다. 비록 이것들이 "선포와 응답" 부분에 해당된다고 보지만, 우리의 목적을 위해서는 "성찬" 부분에 맞추는 것이 더 적합하다. 연합 감리교의 예배 순서에 있어서 세 번째 단계는 "감사와 성찬" 또는 단순히 "성찬"이라고도 한다. 그것은 받기, 감사하기, 떼어내기와 먹고 마시기이며, 이는 성경에서 묘사된 예수님의 행위를 본떠서 만든 성찬 예배의 교회 일치를 위한 유형이다.

설교 이후, 즉 성찬 기도 이후까지 일어나는 나머지 모든 순서를 예배의 한 부분으로 생각했을 때 내가 제안하고자 하는 것은, 당신이 짐작했듯이, 그 안에서 일어나는 중요한 행위에 관한 것이다. 그것은 하나님의 말씀을 듣고 반응하는 중요한 행위다. 성찬과 성찬 예배를 특정 설교 응답에서 분리하기보다는, 그것을 말씀에 응답하는 하나의 주된 행위로 묶어서 생각해보자. 이렇게 하면 여러 각도에서 봤을 때 적합할 것이다. 이것이 내가 강조하고 싶은 것이다. 첫째, 예배를 준비하는 사람들이 설교 이후의 시간을 전체적으로 생각한다면, 설교 이후에는 고대적 현대 예배를 기획하는 것이 더 적합할 것이다. 둘째, "말씀" 단계의 이 요소들은 이미 "성찬" 단계를 가리키기 시작하고, 예배 순서에 따라 우리를 그쪽으로 이끌고 가기 시작한다. 그것들은 '말씀'과 '성찬'을 연결해주는 역할을 할 수 있다. 그러나 그것들은 예배의 다리로서의 역할 뿐 아니라, 그들 나름대로 중요한 기독교 행위다. 예를 들어, 고백과 서로 평화를 나누는 행위는 '말씀'과 '성찬'의 준비에 대한 응답을 하는데 있어서 두 배의 역할을 하는 중요한 행위들이다.

현재의 현실을 인정하자. 많은 개신교들이, 그들의 공식 예배 순서에 포함되어 있다하더라도, 매주 성찬식을 진행하고 있지는 않다. 원칙이나 전통, 또는 단순히 일반적인 관행의 이유로, 설교 이후에 나오는 응답 전체의 부분은 다소 빈약해지는 결과를 가져온다. 그러나, 설교에서 들었던 것에 대해 반응할 수 있는 강력한 기회를 줄 지혜는 남아있다. 그것은 회중들이 '말씀' 순서에서 들은 내용을 잘 새기고, '파송' 순서에서는 바깥 세상에 나가 해야 할 일들을 서서히 준비할 수 있는 방법이다.

중요한 행위를 통해 찾을 수 있는 깊은 본질에 대해 이야기해보자면, 우리가 예배를 하나의 통일된 것으로 볼 때 창의적인 기회들이 어떻게 찾아오는지 생각해보자. '신앙 고백'을 예로 한번 들어보자. 역사적이고 보편적인 '사도신경'으로 우리의 믿음을 확인하는 것은 좋은 일이라고 말하는 게 안전할 것이다. 그러나 성찬 예배 역시 비슷한 삼위일체의 구조로 하나님에 대한 우리의 믿음을 쌓아가게 해 주는 것 아닌가? 이 두 가지 순서를 따로 진행하기보다는, 사도신경을 감사 기도에 포함시켜 하나의 커다란 순서로 통합시켜보면 어떨까?

반대로, 성찬식이 없는 날에는 사도신경을 더 보강해서, 하나님의 강력한 구원의 행위와 예수 그리스도를 통해 우리의 삶과 세상에서 더욱 충실할 수 있도록 하나님께 간구하는 것과, 교회의 지혜와 힘과 하나됨을 위해 영혼을 부르는 것을 더 광범위하게 이행하여 포함 시키는 것은 어떨까? 이 세 가지 요소 들은 각각 하나 또는 그 이상의 찬양과 감사의 노래로 보다 쉽게 이루어 질 수 있다. 명확히 말하자면, 이것은 보통 성찬식의 응답이 무엇인지 또는 무엇을 하는지에 대한 본질적인 기준이다. 이러한 기도들은 '위대한 감사기도'에 있어 특별할 필요는 없다. 이것은 예를 들어, '위대한 감사'와 매우 유사한 방식으로 짜인 '세례언약 재확인식'과 같은 것이다. 이러한 모든 행위들은 기독교 예배가 살아 계신 하나님을 만나는 것과 그에 대한 우리의 반응을 쉽게 하기 위한 중요한 방법이다.

일반적인 '위대한 감사기도'가, 회중들이 참여하는 놀라움이 있는, 하나님에 대한 찬양과 감사가 논리에 맞지 않게 짜여 있다는 것이 나에게는 커다란 아이러니다. 기도는 활기찬 찬양으로 변해 하늘의 예배로 전달이 되기 전까지는 하나님에 대한 말을 시작하기 쉽지 않다. 찬양은 표면 아래 거품처럼 있다가 기도하는 동안 여러 부분에서 터져 나온다. 그것은 실제로, 사색적인 구절에서 자신감이 넘치는, 때로는 큰 소리로 외치는 합창으로 넘어가는 현대 예배와 공통점이 많다. 만약 그런 식으로 본다면, '위대한 감사기도'의 찬양 설정은 이미 예배의 찬양 세트로서의 역할을 하고 있는 것이다.

주님의 만찬 예전 모델은 식사 때 먹고 마시는 행위가 이루어질 때 그 절정을 이룬다. 이는 그곳으로 이끄는 모든 기도를 시작하고 마무리하는, 형상화된 성경적 행위라고 할 수 있다. 그리고 이것은 그 안에 내부 흐름을 가지고 있다. 비슷한 방식으로 이 논리 뒤에는 다른 행위들이 따를 수 있다. '말씀'이 선포된 후에, 우리는 어떻게 반응을 해야 할까? 더 나아가서는, 그 반응이 구원의 역사 안에서, 하나님의 구원 행위에서 어떻게 나오게 된 것이며, 예수 그리스도의 사람들과 사역에서 어떻게 절정을 이루게 되는가? 제럴드 맨리 홉킨스(Gerard Manly Hopkins)의 시에서 언급 되었듯이, "그리스도는 수많은 장소에서 활동을 하신다.". 그리고 우리는 '주님의 만찬' 예전의 모범 행위를 따르는, '말씀'에 대한 믿음의 반응을 나타낼 수 있는 수많은 기회를 볼 수 있어야 한다. 믿음의 반응을 위한 옵션은 찬양과 기도, 춤, 안수, 다른 성경에서 파생된 예배 관례들, 그리고 다른 창의적인 예배 행위들 등에서 찾아볼 수 있다. 찬양은 하나님에 대한 우리의 반응을 전달하는 가장 일반적인 방법이기 때문에, 찬양곡들이 이런 반응들이나 다른 반응들을 어떻게 가능하게 하고 도움을 줄 수 있는지 생각해 볼 필요가 있다.

"반응"과 "성찬" 부분은 성경과 설교에서 드러난, 하나님과 함께 할 수 있는 효과적인 방법을 알려주는 순서다. 여기서 중요한 행위는 우리가 방금 하나님으로부터 들었던 말씀에 적절한 반응이다. 그리고 이는 깊고 완전하게 우리 자신들을 다시 하나님께 바칠 수 있도록 도와주는 것이다. 매주 똑같은 활동이 반복될 필요는 없다. 비록 성찬은 매번 같은 형식으로 진행되고 또 그래야 하지만 말이다. 하지만 회중들에게 하나님 말씀에 대한 영향을 우리 삶에 불어넣어주고, 이루어지게 하고, 순종으로 행하고 다시 생각하게하고, 시작과 끝을 알려줄 기회를 제공해주면 좋을 것이다.[32]

파송(Sending)

고대-현대 예배는 세상으로 잘 나아가는 것으로 끝난다. 연합감리교회의 예배 순서는 4중 순서 중 "파송"의 단계에 두 가지 항목을 나열하고 있다. 그것은 '찬송'과 '축복 속에서의 해산'이다(후자에 대해 잘 알려진 말씀도 있다). 그 어느 모임들과 마찬가지로, 사람들이 떠날 시간은 찾아온다. 이 "파송"의 과정에서는, 시간이 되어 함께 모이고, 하나님께 찬양과 헌신의 마지막 시간을 바치며, 하나님의 대리인으로서 하나님께 보내진다. 이러한 마지막 행위들은 예배 모임에서 마지막 문장부호를 찍어준다. 그러나 그 문장 부호는 마침표일까, 아니면 물음표일까, 아니면 느낌표나 생략 부호 중 어떤 것일까? 예배나 그 내용에 따라, 이 부호들 중 그 어떤 것을 사용해도 적합할 것이다. 그것이 궁극적으로 해줘야 할 일은 우리가 육체적으로나 은유적으로 교회 문 밖으로 나갔을 때 올바른 길로 인도해주는 것이다. 이것이 어떤 식으로 이루어지든지, 예배를 드린 시간을 간단하게 은혜로 마무리해주는 목회자의 보살핌과 미래를 격려해주는 순간이다.

이 장에서 우리는 단순하지만 중요한 질문들, 즉 현대적인 스타일로 예배 드리는 것을 시작하기 위한 4중 구조 순서의 예배에 대해 살펴보았다. 그 질문들은 "여기에 무슨 일이 일어나고 있으며 왜 일어나고 있는가?"다. 나는 당신에게 각 단계를 마치 목록의 항목들로 보지 말고 각 단계에서 필요한 중요한 행위들로 보라고 권유했다. 각 단계를 하나씩 따로 다루게 된다면 예배 전체가 하나의 행사가 아니라 네 개의 다른 것들로 이루어졌다는 생각을 강하게 만드는 위험요소가 따른다. 예배는 네 가지 행위로 이루어진 하나의 큰 행사라는 것을 강조하고자 한다. 그것에는 처음부터 끝까지 통일성이 있어 하나로 느껴져야 하고, 다각적이면서 주고받는 대화로 하나님과 만나야 한다. 이러한 만남은 각 단계의 행위로 인해 가능하게 되는 것이지만 그 형식에 포함되어 있지는 않다. 중요한 것은 기독교 예배를 나타내는 중요한 성경적 측면들, 즉 다양한 기도, 성경, 응답 등이고 합리적이고 올바른 순서를 따르면 되는 것이다.

이제는 고대와 현대적 방법으로 4중 구조의 순서를 따르고자 하는 예배를 어떻게 준비할 것인지 생각해 보자. 이를 염두에 두고, 새로운 질문을 하나 던져보자. 현대 예배에 있어서 그 행사와 그 순서, 그리고 고대의 4중 구조 순서의 예배가 가지고 있는 상호 관계를 진지하게 받아들이는 예배의 준비 과정은 어떤 것일까? 이런 종류의 예배는 실제로 어떻게 준비되는가? 나는 다음 장에서 이 질문에 답을 할 것이다.

제 4 장

준비 과정을 다시 생각하기

아담 페레즈 Adam Perez

앞 장에서, 나는 예배의 각 부분의 필수적인 행위들을 일종의 해야 할 일 목록처럼 여기지 않고 충분히 생각해보면서, 예배를 다시 서술했다. 나는 현대 예배를 향한 고대의 길을 따르기 위한 두 가지 결정적인 전환 중에서 첫째에 집중했다, 다시 말하면 고대의 4중 구조 순서를 현대 방식으로 하는 것이다. 제 3장은 무엇이 4중 구조 예배 순서에 기초가 되는지에 집중했다, 이것은 순교자 저스틴의 잘 알려진 구절에서 볼 수 있다. 이 구절을 잊었다면 제 1장을 참고하기 바란다. 자, 이제 예배 준비와 인도에 대해 생각하자, 그곳은 두 번째 결정적인 전환이 일어나야 하는 곳이다. 우리가 먼저 무엇을 고려했다면, 이번 장은 고대와 현대에 둘 다 충실한 현대 예배를 어떻게 준비하고 인도하는지에 대해 다룰 것이다. 우리가 시작해야 할 곳은 시간과 임기응변에 대해 더 말하는 것이다, 그것은 바로 저스틴이 서술한 2세기 예배에 대한 묘사에서 발견되는 다른 차원들이다.

예배에서 시간의 흐름

우리가 "흐름"을 말할 때, 말할 나위도 없이 우리가 의미하는 것은 시간의 경험이다. 개인의 창의성과 전문적인 생산성에 대한 무수히 많은 책들을 포함해 최근에 바람직하면서도 동시에 규정하기 어렵게 보이는 것들이 인기 있는 대화 소재가 되었다. 예배 준비에 대해서, 우리는 분명히 흐름을 규정할 수는 없지만, 흐름이 예배의 특성이 되기 위해 우리가 할 수 있는 다양한 것들이 있다. 흐름은 예배에 바람직하다, 내가 이렇게 제안하는 이유는 그것이 전체를 아우르는 통일성의 흔적을 예배의 경험에 남길 것이기 때문이다. 이 전체를 아우르는 통일성은 특히 현대 예배에 더 중요했다(2장 참고). '흐름'은 그저 단순한 특성으로 즐거울 뿐 아니라, 사람들은 이것을 드라이브 스루(drive-thru)에 줄을 설 때부터 블록버스터 영화에서까지, 기기를 교체할 때나, 물론 예배에서 마저, 그들의 모든 경험의 특징이 되었다.

'흐름'이 예배의 특성이 되기 위해 준비하는 것은 방해요소들을 제거하는 것도 포함한다. 예배의 방해요소들은 주로 예측 불가능하거나 보편적인지 않지만, 한 사람을 방해하는 것이 다른 사람에게는 방해하지 않을 수도 있다. 그리고 흐름을 방해하는 중요한 일부

요소들을 많은 교회의 상황들에서 분명히 볼 수 있다.

첫째, '죽은 시간'이다. 예배에서 침묵은 축복이 될 수 있는데, 그렇게 여겨져야만 할 것이다. 우연한 또는 돌발적인 침묵은 회중들이 누가 실수를 하고 신호를 놓쳤는지 궁금하게 한다. 그 어떠한 종류의 공연에서도 사람들은 순서가 매끄럽게 흐르기를 기대한다. 이 매끄러움은 행위들이 계속 진행되고, 논리적으로, 기능적으로, 그리고 의식적으로 연결된다는 신호다. 일이 진행되고 있음을 의미한다. 예를 들자면, 나는 독자들과 연설자들이 강대상 또는 무대로 가서 마이크를 사용하기 위해 계단을 오르기 전에 완전한 침묵을 기다리는 모습을 자주 본다. 예를 들어 악기의 마지막 소리마저 사라지기를 기다린다. 예배의 행위들 사이에, 우리의 관심은 발의 쿵쿵거림과 기다림에 쏠린다. 이러한 부수적인 기다림에는 그 어떠한 미덕도 없다. 이것은 거룩한 인내심을 만들거나 실천하게 하지 않는다. 오히려 악기들의 소리가 아직도 울리는 동안 반주자들은 발을 가만히 두고 소리가 자연스럽게 사라지게 두는 것이 좋다. 기도 인도자는 미리 말을 하기 시작해도 된다. 그것은 방해하는 것이 아니라 신뢰를 형성하고, 우리의 관심을 의미 있는 예배 행위로 진행하도록 매끄럽게 하는 것이다. 인도자들은 예배가 어떻게 진행되는지 알아야 하며 회중들을 다음 행위로 인도해야 한다. 매끄럽게 하기 위한 더 많은 전략과 접근법들은 다음 장들에서 찾아볼 수 있다.

둘째, '그리고 이제는 완전히 다른' 문제를 다루겠다. 예배의 많은 경우, 인도자들은 마치 방금 마무리된 일이 더 이상 존재하지 않는 것처럼 행동한다. 이제 끝났으니, 더 이상의 언급도 없고, 인정도 없고, 방향도 없다. 예를 들어, 오르간 연주자가 꽤나 침울한 곡을 죄와 사망의 무게를 돌아보는 봉헌식 반주로 선택했다. 별개로 놓고 보면 흥미로운 선택이지만, 여기서 이것을 다루진 않겠다. 그 이후에 활기 넘치는 청년부 목사님이 등장해서 교회에서의 즐거운 주간 행사들에 대해 설명한다. 감정적 충격이다. 또는 최근의 한 예배에서, 설교가 굉장히 무겁게 마무리되어서 우리는 그것을 소화하게 위해 조금의 공간과 침묵의 필요성이 느껴졌다. 그런데 성찬식을 담당하던 분이 바로 앞으로 나와서 성찬식의 초대를 형식적으로 진행했다. 회중들은 분명히 넘어갈 준비가 안 되었던 상태였지만, 주보는 이것이 다음 차례라는 것을 표시했기에, 우리는 성찬식으로 나아갈 수밖에 없었다. 사람들이 소화하기 위해 걸리는 시간에 대해 적극적인 안목과 관심을 줄 수 있는 기회를 놓쳤다. 우리는 두 행위의 틈새를 이어줄 만한 무엇인가를 필요로 했지만 그것을 얻지 못했다. 마치 풍선이 터진 것처럼 그 거룩한 순간에 귀 기울이고 있던 우리의 존재는 영원히 잃어버리고 다시는 되찾지 못했다.

셋째, 나에게도 비슷한 영향을 주는 유사한 문제가 많은 현대 예배를 곤란하게 한다. 나는 그것을 "테마 테더볼(thematic tetherball)"이라고 부른다. 모르고 있다면, 테더볼이라는 오래된 학교 운동장 놀이에서는 공 한 개가 막대에 실로 연결되어 있다. 상대와 공을 이리로 저리로 치면서 하는 놀이다. 공은 사실상 어디에도 가지 않는다, 주자들 사이에서 이리저리 튕겨질 뿐이다.

<그림> 테마 테더볼 놀이

예배에서의 "테마 데더볼 놀이"은 예를 들어, 찬양 곡 세트가 한 주제를 15-30분간 맴도는 경우다. 마치 우리가 곡 목록에서 '은혜'라는 단어가 들어있는 대표 곡 세 개를 찾아서 예배에 쑤셔 넣은 것과 같다. 이것은 예배자들에게 무엇을 하는지도 모르는 느낌을 준다. 오해하지 말길 바란다, 한 주제에 대한 다수의 곡들은 말씀의 가르침을 강화하고 찬양과 감사를 드리는 여러 기회를 제공하는 충실한 방법이 될 수도 있다. 하지만, 그 곡 세트가 어떠한 사건들이나 이야기가 전개되지 않을 때, 또는 더 깊고 필수적인 다양한 행위에 들어가게 하지 않으면 음악적인 매끄러움은 그저 논리적으로, 기능적으로, 또는 예전적인 차원에서 흐름의 부재를 포장하는 것밖에 되지 않는다. 우리는 표면적인 음악의 흐름도 바라지만, 우리가 더 앞으로 나아갈 수 있는 예배의 행위들이 더 깊은 흐름의 줄기들을 반영하기를 바란다. 이 부분은 5장에서 더 다룰 것이다.

넷째, '인지적 불협화'의 문제다. 이 용어를 대략적으로 사용하자면, 예배에서 '인지적 불협화'는 말과 행위가 일치되지 않는 경우에 일어난다. 이것은 예배 그 어디에서도 그리고 모든 곳에서도 일어날 수 있다. 예를 들겠다. 회중들이 줄을 서서 빵을 포도주에 적시면서 "빵을 집어서 컵에 적시라", 성찬에 참여하기 위해 앞으로 나아갈 때 "우리가 무릎을 꿇고 빵을 떼어요"를 부르는 경우, 내가 아는 바로는, 회중들은 빵을 떼지도, 이미 잘라진 빵을 받았고 무릎을 꿇지도 않았다. 그들은 걷거나 앉아있었다. 마찬가지로, 위대한 추수감사절 기도와 같은 글에서 강한 감정적인 언어가 사용되지만 "이것은 항상 그리고 어디서나 좋고 기쁜 것이다" 예배를 이끄는 인도자는 마치 자신이 읽는 내용을 믿지 못하거나 내면적으로 본문이 무엇을 말하는지 소화하지 못한 것처럼 읽는다. 회중의 한 사람으로서 드는 생각은, "당신은 그것을 정말로 믿습니까? 그렇지 않는 것처럼 들리네요." 또 다른 경우에는, 나는 어떤 한 예배 인도자를 아는데, 그 분은 모든 것을, 정말로 모든 상황에서 이가 다 보이는 눈부신 미소를 지으면서 말한다. 부고의 경우에도 그는 그 소식에 기뻐하는 듯이 보인다. 인도를 포함한 행위가 내용과 의미가 일치되지 않을 때, 회중들은 '인지적 불협화'를 느낀다. 이것은 흐름과 회중들이 하나님과 관계를 맺기 위한 시간을 약화시킨다.

다시금 단언해야 하는 것은 혼란스러움과 방해는 도움이 되는 도구들이 될 수 있지만, 흐름이 잡혔을 때만 가능하다. 예배 준비와 예배 인도에서 예술성을 반영할 수 있는 방법은, 참여자들에게 놀라움, 즐거움, 충격, 그리고 경외심을 줄 수 있는 능력 안에 있다. 우리는 예배에 대한 좋은 예술적 감각을 놓치면 그때야 비로소 안다. 역동적이며 거룩한 방해는 우리가 깰 수 있는 흐름의 기반이 있어야만 가능하다.

  이 구간에서 다른 예를 많이 들을 수 있겠지만 요점을 파악했기를 바란다. 당신의 예배 준비와 인도를 더 현대적으로 만들고 시간과 함께 어우러지는 것은 예배의 흐름에 맞추는 것을 의미한다. 흐름은 예배에 얼마나 많은 시간이 있는지가 중요한 것이 아니라, 예배가 한 사건으로서 주는 시간의 개념을 돌보는 것이다. 물론, 당신은 그럼에도 다양한 이유로 다수의 예배, 순회하는 목회자들, 브런치 계획, 그리고 미식축구경기 시작 등 시간적인 제한이 있을 수 있다, 하지만 예배는 세상의 시간으로부터 사람들을 모아서 하나님의 구원의 시간과 관계를 맺게 하는 것이다. 흐름은 시간을 경험하는 것이며, 그리고 회중들이 시간을 평화롭게 경험하고 그들의 손목시계를 매순간 쳐다보면서 언제 예배가 끝날지 궁금해 하지 않기를 바라는 것이다.

임기응변: 이것이 무엇이며, 무엇을 위한 것인가?

  고대-현대 예배에서 시간과 관련된 요소들은 '임기응변' 그리고 '시간의 개방성'이다. 이 두 특징들은 마치 동전의 양면과도 같으며, 주로 예배를 인도하는 방법과 관련된다. 하지만 이 둘은 굉장히 고전적이며 또한 굉장히 현대적이다. 그것들은 흐름을 이루는 것과 많은 공통점을 갖고 있다. 나는 시간에 대해 열린 마음을 확대시키는 것에 대해서 말을 줄이겠다. 왜냐하면 이것은 주로 즉흥성과 임기응변의 기술들을 적용함으로서 얻을 수 있기 때문이다. 다른 부분은 이전 장에서 다루었듯이 우리가 예전적 목적들로부터 필수적인 예전적 행위들을 포함한, 예배에 대한 생각을 다시 재정비하는 것으로부터 온다. 이것은 예배의 시간에 대한 자세가 실천만큼이나 중요하다. 이것은 흐름과 같이 뭐라고 말할 수 없는 무언가가 있다. 그저 마주하면 알게 된다.

내가 경험한 주류 전통적인 예배에서, 임기응변은 좋게 보면 인도자가 비상사태에 사용하는 것으로, 나쁘게 보면 이단의 관문으로 여겨진다. 현대 예배의 자리에서 나는 이것이 최상의 경우에는 성령에 대한 깊은 통찰의 기회, 그리고 최악의 경우에는 인도자들이 예배 인도 전에 준비하거나 연습하지 않는 핑계가 될 수 있다고 본다. 하지만 임기응변은 개발할 수 있는 기술이고 예배에 긍정적 영향을 가져다 줄 수 있다.

상황에 따라, 임기응변은 정도의 차이는 있지만 이미 예배에서 예상되며 실천되고 있다. 예를 들어, 당신의 예배에 회중들의 찬양을 즉석에서 선택하는 것이 일반적인 특징이 아니더라도, 설교자는 설교 시 얼마나 자주 설교문을 벗어나 일화나 부수적인 이야기를 하는가? 또는 얼마나 자주 아이들이 끼어들어서 아이들을 위한 말씀이 중단되고 목사님은 그것에 적응해야 하는가? 또는 완전히 피하는가? 얼마나 자주 음악이 즉흥적 기타를 사용한 솔로와 반주 구간으로 채워지는가? 곡의 마지막 구간에서 밴드가 마지막 코드를 누르는 동안 성도들이 즉흥적으로 노래하고 찬양할 수 있는 부분이 있는가? 기쁨과 걱정을 나누는 기회들이나 소식을 알리는 시간도 생각해보라. 바로 이러한 순간들에 임기응변이 우리의 예배에 일어날 수 있다. 이들이 어쩌면 하찮아 보일지라도 그것들은 이미 존재한다.

첫째, 임기응변은 흐름의 경험을 돕는 현대 예배의 특징 또는 특성이다. 좋은 즉흥성은 예배 인도가 사람들이 어디에서 무엇을 경험하는지 그리고 현재에 더 존재할 수 있는 기회들을 만들 것이다. 임기응변은 사전 준비가 필요할 수 있지만 성령님과 회중들의 영에 실시간으로 맞춰 갈 수 있다. 예배의 경험을 더 자연스럽고 현실로 느낄 수 있게 만들어, 회사의 오후 중반 직원회의와 같이 힘겹지 않게 한다.

둘째, 예배 인도에서 임기응변의 기술을 개발하는 것은 단순히 공연에서 사용되는 기술만이 아니다. 이것은 예배에서 더 깊은 차원의 영적 분별력을 개발하는 것이다. 우리는 이것을 "예전적 분별력"이라 부를 수 있다. 예전적 분별력은 그 순간에 실현되기도 하고 이미 예배 안에 잘 짜인 것에 대한 새로운 연결고리들을 찾아내는 것이다. 공동체 안에서의 성령님의 움직임에 대한 감각을 갖고 있는 것이다. 예배가 진행되는 동안 영적인 맥박에 손가락을 계속 누르고 있는 것을 배우는 것이다. 그때서야 예배에서 시간을 잘 사용하는 것에 대한 지혜로운 결정들을 내릴 수 있을 것이다.

셋째, 임기응변의 예배 인도는 진짜에 대한 문화적 가치에 깊이 길들여져 있다, 현대 예배를 잘 인도하려면 매우 필요하다. 임기응변은 진짜의 즉흥성만이 아니라, 진심과 믿음을 언어로 소통하는 것이다. 임기응변은 회중들에게 당신이 그들과 함께 그 순간에 존재하는 것과 당신이 말하고 있는 것을 믿게 한다. 그러므로 이것은 실제적인 인도 방식이다. 내가 가짜의 것 또는 너무 보여 주기식의 것을 제안해서 많은 독자 분들이 염려하실 수도 있다, 그렇지만 기억하라. 인도자로서의 의무는 회중들이 예배 행위들을 더 살아있고 대담하게 만들고, 지지하고 인도하는 것이다. 신실한 기도 뒤에 회중들의 '아멘'을 끌어내는 것은 회중들이 기도의 내용을 소화하기 전에, 기도가 얼마나 신실하게 들리는 지에도 달려 있다. 이것은 유감스럽게도, 정말 사실이며 모든 예배 인도에 해당된다.

마지막으로, 임기응변은 상황화를 더 많이 허용한다. 이것은 예배의 필수적인 예식들과 그것을 해내기 위해 모인 사람들을 연결해 주는 도구가 될 수 있다. 모든 공동체가 똑같지는 않다. 특정 교파의 환경들이 필수적인 행위와 기질을 걸러내지 못할 수도 있다. 임기응변을 적용하고 싶은 마음으로, 예배 인도자들은 위에 언급된 분별력을 사용해 회중들이 예배 순서가 무엇을 목표하는지 이해하는 데 도와줄 수 있다. 임기응변의 예배 인도는 회중들을 문맥상의 오해의 절벽들로부터 더 푸른 들판으로 인도할 수 있을 것이다.

임기응변의 준비

임기응변을 준비하는 것은 모순처럼 들릴 수 있다. 미리 준비된 것이 어떻게 임기응변이 될 수 있을까? 임기응변에 대한 흔한 오해는 이것이 '그 어디로부터도' 오지 않는 것인데, 사실 최고의 즉흥 연주자들은 깊숙한 원천 자료들을 갖고 있다. 그들은 이 원천을 연습과 실행으로 채운다. 이것은 단순히 타고난 능력이 아니라, 어떤 이들은 더 의향이 있겠지만 개발해야 하는 기술이다. 임기응변은 준비로부터 흘러나오고 임기응변으로 예배 인도를 잘 할 수 있는 능력을 위해서는 깊은 지식과 경험이 필요하다.

많은 이들에게 첫 단계는 단지 임기응변의 예배 인도 순간에 자신이 목회자로서 말을 사용해 인도하거나, 예배 인도자로서 음악적으로 찬양을 인도하거나, 또는 그 사이에 어디에 있든지 자신을 열어두는 것이다. 이것은 주보의 적혀 있는 차례나 일분일초까지 따지는 기획 센터 타임스탬프를 따르는 맹종적인 예배가 아니라, 예배 안에서 사람이 사람을 인도하는 것을 허용하는 것이다. 우리는 일시적인 기분에 따라 전면적으로 예배 순서를 없애는 것을 말하는 것이 아니라, 아주 드문 경우에는 이것이 필요할 수도 있지만, 오히려 예배의 진행과 함께 움직이고, 이미 예정된 예배 순서는 길잡이나 개요로 사용하는 개방성을 의미한다. 우리는 예배 순서를 넘어 예배 순서가 가리키는 필수적인 경험을 볼 수 있어야 한다. 물론 이것은 교회에서의 예배에 급진적인 영향을 미칠 수도 있다. 왜냐하면 준비와 인도와 구성의 깊이 뿌리박힌 관행들과 관련되기 때문이다. 결국 예배는 본문과 노래 목록에 억제되고 국한되는 것이 아니라 삼위일체 하나님이 주도하시는 역동적인 만남 안에 있는 것이다.

예배 준비자와 인도자들의 다음 단계는 예식의 허술한 부분들을 생각해보는 것이다. 본문이 그저 대략적으로 정의되어 있는 부분들은 어디인가? 예배 순서의 좋은 뼈대들을 고정해 줄 수 있는 결합조직은 어떤 부분에서 필요할까? 4중 구조 순서의 주요 부분들 사이와 노래 목록에서 전환되는 순간들에서 시작할 수 있다. 이러한 연결점에서 임기응변의 예배 인도는 전환을 하는 데 도움을 줄 수 있다(전환점에 대해서는 5장을 참고하라). 그저 머물러 있을 필요는 없다. 다양한 기도의 내용을, 특히 회중들이 인도자가 말해야 하는 내용을 알고 있지 않는 경우를 생각해보라. 당신의 예전적인 그리고 영적인 분별력은 이미 정해진 본문을 자세히 해설하는 데 어떻게 사용되어야 하는가? 이것은 특히 회중들의 응답을 요청하는 기도와 호칭 기도[33]에 해당된다. 반대쪽에서는, 어떠한 기도가 주어져도 이미 예정된 임기응변의 기도의 순간들은 필수적인 행위를 잃지 않는 것이 중요하다. 무엇을 기도하는 것과 그것이 예배의 어떤 필수적인 행위를 이루는지 알아야 한다. 만약에 회중들이 진심으로 그리고 진지하게 응답하기를 바란다면 필수적인 행위의 한 부분으로서 예배 또는 찬양 순서의 뼈대에, 어느 정도의 임기응변을 더하는 것이 그들이 도달하는 데 도움을 줄 수 있다.

　예배 음악에서도 마찬가지다. 찬송가집을 사용하는 전통 안에서, 목회자의 인도가 음악적인 부분 또는 다른 측면에서 이미 기획되었던 것보다 회중들이 경험하는 순간에 맞추면 어떨까? 당신은 악보와 가사 없이 기타로 인도할 수 있는 어떤 곡들을 기억하고 있는가? 심지어 당신과 회중들이 무반주 상태에서 아카펠라로 부를 수 있는 곡들은 무엇인가? 회중들이 어떤 노래들을 부르기 좋아하며 당신은 어떤 적절한 순간에 그 곡들을 꺼내서 예상하지 못한 예식의 순간에 맞출 수 있을까? 더 단순하게 말하자면, 곡의 연주를 회중들의 기분에 맞추고, 후렴을 반복하고, 반주 또는 관현악 편곡을 갑자기 바꾸거나, 또는 곡이 "원곡에서" 말하고자 하는 공간과 시간에 맞게 변화하는 것이다. 여기서의 요점은 이미 예정된 순서를 행위로 묶어두는 족쇄가 아니라 길잡이로 여기는 것이다. 이것을 실행하기 위해서 당신은 그렇게 할 의향과 예배의 흐름을 탈 수 있는 자원과 노하우의 원천도 갖고 있어야한다.

당신이 예배 순서에서 허술한 부분들 즉 여러 부분들과 곡들, 기도들 등에서 발견했다면 이제는 준비의 다음 단계를 밟을 수 있다. 제 6장에서 더 구체적으로 서술하겠지만, 소리 내서 말하는 것보다 적어서 외우는 것을 고려해보기 바란다. 그러면 그 순간에 처했을 때, 내 것으로 만든 본문을 사용해 그 순간 말할 수 있다. 임기응변의 기도들을 생각했을 때, 예배에서 그것이 무엇을 이루는지 고려해보라. 만약에 기도가 하나님께서 우리의 마음과 정신을 열어서 하나님의 말씀을 받는 것이라면, 영적인 깨달음을 위한 기도와 같이 어떻게 다른 단어들이 또는 곡들이 똑같이 적용될 수 있을까? 이 논리를 예배의 어떠한 또는 모든 부분에 적용해보라. 우리가 말했듯이 당신의 임기응변의 예배 인도는 예배의 특정한 순간과, 회중들의 감정, 그 날에 지정된 성경 본문들, 그리고 모인 사람들에 맞춰, 그 외에도 고민해야 할 수많은 사항들 중에서 예배의 극 또는 이야기의 전체적 움직임을 따라야 한다. 단 하나만이 "옳은" 방법은 아니다. 하지만 바른 방향으로 갈 수 있는 방법들은 많다.

예배 준비를 다시 생각하기

예배 준비의 과정을 전체적으로 봤을 때, 우리는 어떻게 세 가지 요소들, 즉 시간을 융통성 있게 다루고, 우리의 말과 행동에서 임기응변하고, 예배 순서를 하나님과 관계를 맺기 위한 주요 활동들의 매끄러운 흐름으로 여기는 것을 붙잡을 수 있을까? 쉽게 말하자면, "그냥 해요"나 "내가 들은 대로 성의가 없다"는 도움이 안 된다. 당신이 4중 구조 순서의 예배를 본질적으로 더 현대적으로 만들고 싶다면, 오래된 곡들을 새 곡들로, 그리고 오래된 본문을 새로운 본문으로 교체하는 것만으로는 해결되지 않는다. 이러한 요소들이 포함될지는 모르겠지만, 우리는 훨씬 더 깊은 차원에 대해 말하는 것이다.

콘스탄스 체리(Constance M. Cherry)는 그녀의 잘 알려진 책, 『예배 건축가(The Worship Architect)』에서 각 방이 4중 구조 예배의 한 부분이 되는 건물을 디자인하는 것을 예배 기획과 비유한다.[34] 이것은 예배가 어떻게 이뤄지는지 이해하는 데 도움이 되는 비유다. 각 방은 다른 활동을 위해 사용된다. 식사를 하기 위한, 방문자들을 위한, 휴식을 취하기 위한 용도 등이다. 유감스럽게도, 많은 예배들이 방들을 장식용품들과 잡다한 장신구들로 채워지도록 두어서 방이 유용할 수 있는 공간이 거의 없다. 이것은 예전적인 수

집과 같아서 모든 방이 언젠가 유용하고 가치 있기를 바라는 무작위의 유물들을 모아놓은 창고로만 쓰이는 것이다. 그러는 동안, 예배는 물건들로 너무나 어질러져 있어서 우리는 그 방에서 사용하지 않고 쌓아 놓은 가방에 넘어지지 않고서는 움직일 수 없다.

이전 장, 예배의 '모임'에서 다수의 행동들이 같은 기능을 이행하면서 불필요하게 느껴질 수도 있는 점에 대해 말했다. 모든 부분들을 예배 때마다 다 넣는 대신에, 어떻게 그것들을 시간을 두고, 한두 계절에 걸쳐서 더 큰 예배 프로그램 안에 잘 배분할지를 고려해야 한다. 이것은 '예전'이라는 침대보를 계절과 함께 바꾸어서 공간을 상쾌하게 하는 것과 같다. 우선 그 특정한 예배 또는 계절과 성취해야 할 예배에 가장 적절한 것이 무엇인지 물어보라.

음악적 예배에 역점을 두는 것만으로는 현대 예배를 어지럽힐 수 있다. 찬양 콘티에서 "이 세 곡들이 어떤 필수적인 행동들을 성취하려 하는가?" 또 다른 질문들이 빨리 잇따를 수 있다. 그것을 성취하기 위해 세 곡이 필요한가? 곡의 수나 찬양을 드리는 시간의 길이가 더 중요한가? 그렇다면 어떻게 말씀과 기도가 찬양 콘티에 엮어져서 모임과 응답의 깊은 본질을 반영할 수 있을까? 시작하는 부분에서 한 곡을 빼서 설교 뒤에 곡과 중보기도가 엮어지는, 더 힘 있는 음악적인 응답을 위한 공간을 만들 수 있는가? 여기에서의 약속은 음악이 목적이 되는 것이 아니라 예배의 도구로서 역할을 지키는 것이다.

마르시아 맥피(Marcia McFee)도 자신의 책 『영화 제작자처럼 생각하라(Think Like a Filmmaker)』에서 예배 기획에 대한 유용한 팁들을 제공한다.35 맥피는 영화 제작자들이 좋은 이야기를 처음부터 끝까지 일관성 있고 흥미롭게 전달하는 방법을 안다고 말한다. 그녀는 영화 제작자들이 동시에 다수의 차원들을, 즉 시각적인 요소, 언어, 음악, 그리고 신체의 행동들을 포개서 이야기가 사람들을 더 사로잡고 참여하도록 만드는 것에 주목한다. 그들은 집중을 방해하거나 너무 자극적이지 않으면서도, 시너지 효과를 발휘해서 당신을 이야기와 경험에 끌어당길 수 있다. 사람들은 온몸으로 직감하고 경험한다. 어떤 경우에는 언어만으로는 불충분할 수도 있다. 영적으로 하나가 되기 위해, 오직 한 방식만을 강조하는 예배는 성령님을 통해 예수 그리스도의 임재를 경험하는 데 해가 될 수 있다. 당신의 예배는 어떻게 다수의 사로잡는 방식을 사용해서 예배의 필수적인 행위들을 성취할 것인가? 예를 들어, 평범한 파랑색 배경 대신 어떠한 이미지들이 곡과 함께 의미의 깊이를 전달할 수 있을까? 어떠한 음악이 특별히 고통스러운 주제의 기도와 애도의 말에 배경이 될 수 있을까? 어떤 육체적인 행동이 교독문을 읽을 때 함께 해서 "아멘"과 더불어 공동체의 참여를 더 깊게 할 수 있을까?

체리의 '네 방들'과 맥피의 '영화 제작자'를 생각해보면 형식과 기능, 그리고 예배의 본질과 방식을 유지하는 데 도움이 될 수 있다. 이러한 예배의 기획과 준비에 대한 비유들은 시간을 유연하게 하고, 임기응변을 우리의 말과 행동 안에서 개발할 수 있도록 한다. 그리고 예배 순서를 하나님과 관계를 맺기 위한 주요 행위들의 매끄러운 흐름으로 대할 수 있는 기회들을 열어준다.

준비 과정의 재구성

흐름이 있고, 예배에 대한 고대 비전의 가장 좋은 부분과 현대를 반영하는 예배를 무엇이 만드는지에 대한 감각을 갖고 있으면, 우리는 예배 준비의 실제 과정으로 넘어간다. 현대 예배를 위한 좋은 준비는 성경 본문을 중앙에 둔 모임을 갖는 것이다. 협력적 준비 과정에 큰 장점이 있다. 예배 인도의 다수 이해관계자들이 함께 일해서 디자인 하는 것이 필수적이다. 이것은 목사님과 또는 설교자, 주요 또는 대표 음악가들, 예배 도우미들, 그 외의 예술 스태프들, 그리고 지원 역할에 있는 사람들, 좌석 안내원, 음향영상 기술자들 등을 포함한다. 이 모든 사람들이 기획과 준비의 모든 단계에 참여해야 하는 것은 아니다, 하지만 그들은 예배의 준비 과정에 관련되어 있다. 물론 사람들이 자신이 담당하는 예배의 부분에서 개별적으로 일해야 하겠지만, 전반적으로 현대 예배는 공동의 노력이다. 이것을 잘 해내려면, 각 부분들이 같은 방향으로 향해야한다.

그렇기 때문에 성경 말씀으로 시작하는 것이 필수적이다. 성경은 설교뿐만 아니라 예배 준비, 기획 과정 전체의 분위기를 잡아준다. 예배 갱신 운동은 부분적으로 이 정신을 '말씀과 성찬' 예식의 균형으로 전환하고 다수의 성구집 통독들을 강조함으로 담으려 했다. 설교는 다른 필수적인 행위들을 보완해주고 그들을 더 큰 예배의 흐름 안으로 합류시킨다. 이것은 늘 해왔던 방식의 설교자가 제공하는 설교 주제로 시작해, 그것에 맞는 성경 본문과 곡들을 찾는 것에서부터 벗어나 예배 준비와 기획 과정에서 중요한 전환점이 될 것이다. 설교자가 관여되어 준비 과정이 협력적이지 못하더라도, 성경 본문과 설교 주제만 찾지 않는 것이 중요하다. 설교자로부터 설교의 기승전결의 요약을 받는 것은 예배 준비 팀이 예배 전체를 설교 줄거리 안에서 발견되는 원동력을 통해 하나님과 인간이 만나는 시간으로 볼 수 있게 할 수 있다. 핵심 질문들은 이렇다.

① 찬양 콘티를 포함한 예배가, 모임과 말씀에 필수적인 행위들을 위해 이 특정한 주일에 적절한 방법으로 예배 전에 회중들이 하나님과 만나게 할 수 있을까?
② 설교 이후의 예배가 어떻게 예배 초반에 경험되었던 하나님과의 만남에 대해, 회중들의 적절한 응답이 될 수 있을까?

목회자와 설교자가 이 과정이 본문을 해석하는 데 도움을 줄 수 있지만, 해석의 과정과 설교의 방향은 예배의 준비와 인도에 관여된 다른 사람들이 참여할 수도 있고 참여시켜야만 한다. 다양한 입장에서부터 자유의사 토론에 참여하는 것뿐만 아니라 각 사람이 자신의 일이 어떻게 전체 사건에 들어맞는지 아는 것이 중요하다. 대체로, 예배 준비 기획과 예배를 인도하는 목회 팀이 담당한다.

지금까지는 대부분 가장 높은 수준의 성찰의 예배를 다시 그려보는 것을 다루었다. 어느 성공적인 예배를 준비하는 기획 그룹 또는 위원회도 이 비전을 감당할 수 있고 매주, 특히나 예배 전환이 이루어지는 도중에 참고할 수 있는 무언가가 영향을 미칠 수도 있다. 그룹과의 재구성과 기획 준비 과정 그리고 이 책에서 묘사한 큰 그림의 전환점들을 바탕으로 회중의 비전을 만드는 것에 대한 관심이 있다면, 『예배를 함께 디자인하기: 예배 기획을 위한 모델과 전략(Designing Worship Together: Models and Strategies for Worship Planning)』36이 많은 도움이 될 것이다.

연습, 연습, 또 연습

당신은 이제 좋은 예배가 잘 준비되었고, 이론적으로는 멋지게 보이고, 모두 그들이 무엇을 해야 할지 안다. 이제는 무엇을 해야 하는가? 실제 예배 전에 한 가지 중요한 마지막 단계, 리허설이 있다. 이것은 특히 그들의 기술을 개발하기 시작하는 단계에 있다면 많은 회중의 음악 인도자들과 어떤 설교자들에게는 익숙할 것이다. 왜 리허설은 음악과 설교에서 흔히 멈추는가? 왜 예배 인도 팀의 나머지 사람들은 음악가들이 쏟는 노력과 에너지와 동일하게 시간을 투자해서 성경 통독, 그 외의 본문들, 그리고 컴퓨터 그래픽을 준비하지 않는가? 이 요소들은 그만큼의 가치가 없나? 물론 아니다. 예배의 모든 요소들을 좋은 리허설 기법을 사용하고, 시간에 걸쳐 기술을 개발하면서 엄격한 목적을 갖고 준비하자.

또한 리허설은 우리에게 곡, 성경 말씀, 기도 등에서 예배의 원자재를 내면화할 수 있는 기회를 주어서 우리가 본문에 덜 의지할 수 있다. 모든 좋은 공연자들이 알듯이 우리가 연습을 잘 해놓으면, 우리는 그 순간에 살아있을 수 있고, 그것은 현대 예배가 정말로 "현대적인" 것으로 느껴지는 결정적인 요소가 된다. 예배에서, 성경 말씀과 예배의 행위들을 내면화하는 데 시간을 쏟은 인도자는, 성령님의 도우심과 함께 회중들을 인도할 수 있다. 연습을 철저하게 한 인도자들은 또한 깊은 차원에서 회중들의 영에 맞출 수 있다. 왜냐하면 그들은 자신이 준비한 것을 읽고 암송하는 것으로 집중이 깨지지 않기 때문이다. 그들은 예배의 리듬을 타고, 회중들의 영을 분별하고, 성령님께 경청하고, 그리고 회중들을 찬양으로 인도하는 데 자신이 있다. 은사주의의 경험과 같이 느껴질 수도 있고, 그렇지 않을 수도 있다. 리허설은 하나님이 기술, 준비, 그리고 기획의 원자재를 잘 사용할 수 있도록 도와준다.

제 3 부

실제와 기술

제 5 장

음악적 흐름: 중요한 기법

조나단 오타웨이 Jonathan Ottaway

우리가 앞에서 이미 이야기했듯이, 현대 예배를 향해가는 것은 예배의 깊숙한 구조인 '말씀과 성찬' 예식의 4중 구조 순서를 버리라는 것이 아니다. 오히려 현대 예배를 향해 가기 위해 일어나야 할 근본적인 전환은 예배를 수집품으로 생각하는 것에서 방향을 틀어 예배를 행위들로, 주로 회중이 행하는 행위들로 생각해야 한다. 회중들이 예배에서 완전히 능동적으로 참여하는 것을 가로막는 구성, 지능, 문화의 장벽 등 다양한 종류를 제거하는 것이 예배 인도자들과 준비하는 자들의 관심이 되어야한다. 현대 예배를 잘 인도하려면, 우리가 예배가 어떻게 예배자를 환영하고 이해할 수 있게 준비하고 만들어갈 것인가? 짧게 말하면 "어떻게 예배가 흐르게 만들 것인가?"다.

 이번 장에서 우리는 이 질문이 음악에 끼치는 영향에 대해 고려해볼 것이다. 현대 예배가 이미 보편적으로 제공한 답은 대중음악을 사용하는 것인데, 이것은 예배가 흐름을 갖고 회중들이 예배에 참여하는 데 중요하다. '현대 예배'라는 용어 자체는 스스로 대중음악, 악기, 그리고 기술을 사용하는 것과 같은 이야기다. 현대 예배가 전부 오르간으로만 인도되는 교회를 상상해보라.

 대중음악 스타일을 사용하는 것은 회중들이 다양한 측면에서 예배에 참여하는 데 도움을 준다. 먼저, 그들의 참여를 돕는다. 현대 예배 음악은 예배자가 참여하기 더 쉽다. 왜냐하면 그들이 교회 밖에서, 차에서, 쇼핑몰에서, 또는 일을 할 때 듣는 음악 스타일과 비슷하기 때문이다. 이 음악 스타일은 예배자들 안에 깊이 새겨져 있어서, 그들이 예배 곡들을 따라 부르기 위해 추가적인 음악적 이해가 필요하지 않다. 대중음악은 본질적으로 인기가 있어서, 많은 사람들이 좋아할만한 음악이다. 당신의 회중들 안에 예배자도 포함해서 말이다. 교회에서 그런 스타일의 음악을 들으면 사람들이 예배에 참여하도록 환영받고 격려 받는 느낌을 받는다. 마지막으로 이것은 그들의 참여에 깊이를 더할 수 있다. 현대 예배자들은 대중음악의 감정적인 흐름과 역동성을 이해한다. 그럼으로 대중 스타일을 사용하는 예배 음악은 예배자들이 예배의 행동들을 그저 따라 부르는 것보다 더 깊게 이해하고 참여하는데 도움이 된다. 곡들이 올라가고 높아지는 부분들은 예배자들에게 와 닿고 그들이 예배에 참여함으로 하나님과의 만남을 그리고 서로를 더 깊이 인식하게 한다.

하지만 현대 예배 음악을 잘 실행하려면, 단순히 현대적인 느낌의 예배 곡을 부르는 것보다 더 깊은 스타일의 전환이 수반된다. 오히려 현대 예배 음악을 의미 있고 진정성 있게 사용하기 위해, 기본적으로 대중음악에서 얻은 흐름의 개념을 포함한 음악적 어휘를 사용하는 것이 필요하다. 현대 예배 음악은 곡 목록보다 음악의 스타일과 더 연관되어 있다. 사실상 많은 교회들이 역사적인 찬송가를 현대적으로 느껴지는 방식으로 예배에 포함시킨다. 다른 음악적 스타일과 어휘를 채택하는 것은 현대 예배를 묘사하고 가르치는 책들에서 빠진 부분이다. 음악적 흐름과 같은 개념에 대해 배우고 싶은 음악가를 도울만한 자료가 적다. 오히려 대부분의 책들은 음악가들이 이미 대중음악 스타일에 이미 빠져있다는 추정에서 시작한다. 이런 책들은 표기법, 배음구조, 단어 프레이징 등의 음악 이론 기초를 조금밖에 가르치지 않는다.[37] 음악가들이 음악적 예배의 구성된 시간들을 더 잘 만들기 위해 이번 장은 정반대의 접근법을 택할 것이다. 나의 독자들이 음악 이론의 기초 단계에 있지만 어떻게 현대 스타일의 예배 음악 안에서 살아있을 수 있는지에 대해 알고 싶어 한다고 가정하겠다. 더 쉽게 말하면, 어떻게 음악을 흐르게 하는지 알기 원한다고 가정할 것이다.

곡의 흐름: 음악 스타일의 주요 요소들

현대 예배에서 음악을 잘 인도하는 중요한 것 중 하나는 현대 대중음악의 음악적 어휘의 사용이다. 현대 예배에서 사용되는 음악 스타일은 전통적인 예배에서 사용되는 것과 다르고 음악가가 악기를 다른 방식으로 연주하고 노래를 부르는 것을 필요로 한다. 다음 장에서 나는 당신이 연주하는 스타일이 더 현대적으로 변할 수 있는 세 가지 대표적인 방법을 설명할 것이다. 현대 예배 음악을 현대적으로 들리게 연주하는 것을 배우고, 서로 잘 협력하는 밴드를 체계화하는 것과 회중들이 따라할 수 있게 음악을 인도하는 것이다

음악의 리듬 타기

현대 예배 음악에서 일어나는 근본적인 스타일의 전환 중 하나는 곡과 음악적인 편곡과의 변화다. 현대 스타일로 연주하는 것은 종이에 인쇄된 특정한 음을 연주하는 것에서 벗어나 코드가 곡의 주된 본문이 되는 더 즉흥적인 스타일로 전환하는 것이다. 찬송가집 또는 악보집 안에 인쇄된 노래의 편곡을 맹종하듯이 따르는 것은 일반적으로 현대적인 느낌의 소리가 드물게 나타날 것이다.[38] 구조적으로 코드와 함께, 현대 예배 음악은 보통 리듬이 있다. 이것은 멜로디와 따로 움직이는 꾸준하고, 반복된 리듬의 스타일이다. 대체로 SATB(소프라노 알토 테너 베이스) 편곡에서 유래된 전통적인 찬송가의 반주와 달리, 현대 예배 음악의 반주는 멜로디로부터 독립적으로 움직인다. 멜로디가 실릴 수 있는 꾸준한 리듬감 있는 베이스를 만드는 것이다.

이렇게 생각하는 것은 이러한 스타일에 익숙하지 않은 음악가들

에게는 어려운 전환이 될 수도 있다. 이것은 연습이 필요하다. 즉흥적인 마인드가 중요한 것은 당신이 연주하는 음이 주어지지 않고 코드를 떠올려야하기 때문이다. 나의 조언은 현대 예배 곡의 악보를 구하는 것이다. 우선 악보에 적힌 대로 연주하라. 당신이 곡을 익히기 시작하면, 악보를 코드 악보로 교체하라. 같은 키로 되었으면 유용하다. 악보에 대한 기억이 어느 정도 남아있겠지만, 코드로 기억의 빈틈들을 채워야 할 것이다, 당신이 이미 연주한 것에 맞는 감각적인 코드의 음과 리듬으로 대체하면서. 계속해서 곡을 코드 악보와 함께 자신에게 자연스럽게 느껴질 때까지 연주하라. 새로운 코드를 배치할 때마다 의도적으로 생각해야 해서, 아마 처음에는 자동차 운전을 배우는 것처럼 어색할 것이다. 코드로 연주하는 것에 더 익숙해지면서 그 느낌이 더 자연스러워질 것이다.

자신감이 생기면서 특히 당신이 건반 악기를 연주한다면, 코드를 어떻게 보이싱39하고 간격을 둘 것인지 고려하기 시작할 수 있다. 초보 피아노 연주자들은 보통 오른손으로 단순한 삼화음을, 왼손으로 한 음을 연주하는 것을 택한다.

〈도표 1〉 초보자가 간단한 C-F-C 코드 유형을 연주하는 방법의 예

마찬가지로, 초보 기타 연주자들도 오직 한 방식으로 코드를 연주하고 한 리듬으로만 튕길 줄 안다. 하지만 더 상급의 음악가들의 특징은 계류음[40] 또는 다른 음을 포함시켜 단순한 코드를 더 복합적으로 만들 수 있다. 그들은 연주에 더 다양한 리듬의 변화를 줄 가능성이 훨씬 더 높다.

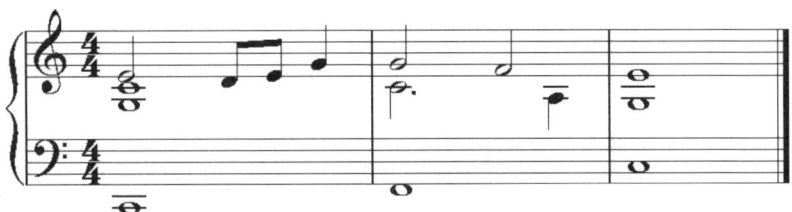

〈도표 2〉 동일한 C-F-C 코드 유형의 좀 더 고급스러운 표현

앞서 말한 모든 것을 가장 잘 설명할 수 있는 방법은 어떻게 우리가 흔히 부르는 찬송가를 현대 예배 스타일로 변형할 수 있을지 생각해보는 것이다. 〈도표 3〉에서 나는 "온 천하 만물 우러러"의 전통적인 찬송가와 함께, 같은 찬송가의 현대적인 편곡에 대한 예도 넣었다〈도표 4〉.[41]

<도표 3> 찬송가 "온 천하만물 우러러"의 전통적인 4부 형식

<도표 4> 찬송가 "오 천하만물 우러러"의 현대적 편곡의 예

찬송가집에 실린 형태는 2분의 3박자와 정확한 SATB 편곡으로 되어있고, 화음의 변화의 속도가 4분 음표마다 일정하다. 반대로 같은 찬송가로 더 현대적인 느낌을 내기 위해, 그리고 나는 더 규칙적인 록 리듬을 수용하기 위해 2분의 3박자에서 더 규칙적인 4분의 4박자표로 전환했다. 이것은 음을 상대적으로 늘리는 것이 수반되지만[42] 어색할 정도의 긴 음을 피하기 위해 4분의 2박자 구간도 끝부분에 추가된다. 화음의 빠른 변화 대신에, 현대 버전에서 화음이 변화되는 속도는 두 마디마다 코드를 전환하면서 훨씬 더 느리다. 어떤 경우에는 중간 A가 들어 있는 멜로디가 G코드 위에 유지되는 것처럼, 이것은 장 6화음의 경우와 같이 해결되지 않는 불협화음을 일으킨다. 해결되지 않은 화음은 음악적으로 훈련된 귀에는 덜 이상적으로 들리겠지만, 이것은 현대 예배의 다른 음악적인 우려에 비해 부차적인 것이다, 왜냐하면 이것은 음악가들이나 회중들에게 문제가 되는 불협화음이라고는 들리지 않을 것이다. 찬송가에서 음

정이 반주의 리듬을 정한다면, 나는 리듬에 있어서, 앞으로 진행하는 탄력을 주기 위해 마디의 두 번째, 네 번째 비트를 강조하는 가벼운 당김음의 리듬을 제안했다.

밴드의 강약법

젊은 피아노 연주자로 내가 받은 최고의 조언 중 하나는, 내가 다니던 교회에서, 어떤 어른이 나와 피아노에 앉아, '현대 예배 음악에서는 클래식 음악과 달리 피아노를 켜있거나 꺼져있는 것처럼 다루어야한다'는 말이다. 그는 피아노가 켜있을 때는, 항상 크고 대담하게 연주해야 한다고 했다. 이것은 내가 아직도 강조하는 조언이다. 너무 문자 그대로 받아들이면 결점이 될 수 있겠지만 한 젊은 피아노 연주자에게 많은 지혜를 주었던 조언이, 물론 이 조언이 위험할 수도 있는 것은 손에 지나치게 힘을 주는 음악가들이 떠오르기도 하지만, 우리가 밴드의 강약법에 대해 생각하는 데 도움을 줄 수 있다.

회중들의 관심을 예배에서 사로잡을 수 있는 현대 예배 음악 팀은 경험이 적은 음악가들과 구별되게 자신감과 확신이 있는 연주를 하는 음악가들로 채워진 경우가 많다. 이러한 숙련된 음악가들이 잔잔하게 연주하는 경우는 대체로 드물다. 물론 나도 지지하는 것은 아니지만, 예배 음악의 소리가 커야만 하는 것은 아니고, 무조건 예배 음악이 큰 음량범위를 갖고 있어야만 하는 것도 아니다. 실제로 그 정반대다. 오히려 매력적이고 표현력이 풍부한 음악을 만드는 최고의 전략은 각자의 악기를 대담하게 연주하지만, 개인이 아닌 팀의 차원에서 강약법을 조절하는 것이다. 예배 팀에서 개개인의 잦은 실수 중에 하나는 전체에 영향을 미치기 위해 각자의 악기 음량을 더 키우거나 줄이거나 더 조용히 연주하려는 것이다. 이 같은 결과는 악기들이 뜨뜻미지근하게 또는 눈치를 보듯이 연주되는 것처럼 들린다. 오히려 회중들이 예배의 음량범위를 더 감지할 수 있는 방법은, 당신이 항상 대담하게 연주하고 어떤 음량으로 연주하는지 보다 어떻게 연주하는가에 대해 생각하는 것이다.

당신이 팀으로서 연주할 때, 팀의 소리에 항상 의미가 있도록 하라. 다른 무엇보다도 이것은 음악가가 언제 연주를 하고 안 하는지에 대한 의도를 갖는 것이다. 가장 강력한 강약의 대조가 이루어질 때는 개개인의 악기와 구간이 등장하고 빠질 때다. 예를 들어 베이스와 드럼이 후렴에서 빠지는 것은 엄청난 강약의 대조를 남길 수 있다. 리드 싱어가 아닌 싱어들에게 브리지 전까지 마이크에 노래하지 않도록 요구하는 것은 그들이 추가적인 화음을 넣었을 때 그 구간에 강약을 북돋울 수 있다. 피아노 연주자로서, 내가 연주하는 음량은 중간 정도의 소리 이하로는 떨어지지 않는다. 하지만 내가 연주하는 음의 음역대와 빈도, 그리고 복합성을 줄이면, 나는 보다 넓은 음량을 가질 수 있다. 만약 내가 조용한 악절을 연주한다면 나는 단순한 코드 배열을 사용해, 어쩌면 그저 제 5화음만 사용해서 듬성듬성한 리듬을 연주하고, 코드가 피아노 중앙에 머물 정도로 단순할 것이다. 내가 강약법을 더 키우려면, 내 음량은 그대로 있더라도 더 낮은 베이스 음을 더해 코드의 음을 채우고, 리듬에 속도를 더할 것이다.

팀의 소리를 의미 있게 하기 위해서는 음악가들이 곡을 연주할 때 팀에서와 곡 안에서 별개의 음악적인 역할을 맡아야 한다. 많은 팀들의 경우 전체의 소리에 어떤 영향을 주는지는 무시하고 개개인의 파트에만 집중하는 음악가들로 채워졌다. 다수의 싱어들이 모든 곡에서 일제히 멜로디를 부른다. 기타 연주자는 오직 한 스트럼 주법(strum pattern)[43]으로 친다. 새로운 드럼 연주자는 주저하며 박자를 맞추려 한다. 회중들의 입장에서는, 이러한 음악은 질감이 없기 때문에 밋밋하게 들린다. 개개인의 악기에 변화를 주며 연주해야 하지만, 음악이 표현력 있게 들리려면 그들은 각 다른 악기들로부터 무언가 고유한 것도 끌어내야 한다. 그렇지 않다면, 음악가에게 그 구간 동안 연주하지 않도록 요구하라. 모든 곡에서 모든 악기가 연주할 필요는 없다. 음악 편곡에서는 적을수록 좋다. 많은 음악가들이 같은 음악적 영역을 다루는 것은 혼란스럽고 헷갈리게 들릴 것이다.

음악적 인도[44]

현대 예배로 전환하는 것은 예배 음악이 어떻게 인도되어야 하는지에 영향을 끼친다. 현대 예배로 가는 과정 속에 일어나는 본질적인 변화 중 하나는 회중들과 예배 음악을 인도하는 음악가들 사이의 변화된 관계다. 이것은 현대 기술 그리고 스타일과 관련된 새로운 접근법을 채택하면서, 더 이상 찬송가집을 비롯한 인쇄물이 회중들의 참여를 이끌어내지 못하게 되었다. 오히려 사람들은 곡을 익히고 곡의 구조를 눈이 아닌 귀로 따라간다. 현대 예배 음악의 인도는 문서로 정해지는 것이 아니라, 곡을 인도하는 사람들에게 달려있다.

이것은 음악을 의도적으로 빚어서 회중들이 예배에 참여하는데 도움을 준다.[45] 찬송가집은 질서 있고 결과 지향적인 방식으로 앞으로 나아가는 정해진 구조를 규정하지만, 현대 예배 음악은 훨씬 더 유연해서 예식의 순간에 예배에서 무엇이 일어나는지 또는 예배 내용의 주제에, 예배에서 무슨 말을 하는지에 맞게 빚어질 수 있다. 예를 들어 후렴이 이전 곡 또는 찬송가에 담겼던 의도를 강화시킨다면, 그 곡의 후렴에서부터 시작하지 않을 이유가 없다. 이러한 수정작업은 사전에 계획된 방식으로 또는 예배에서 즉흥적으로 일어날 수 있다.

회중들과 음악가들의 변화된 관계가 새로운 기회들을 제공하지만, 음악이 어떻게 인도되는지에 더 큰 비중을 둔다. 현대 예배에서 음악 인도자의 역할은 회중들의 노래에 반주를 해주는 것보다 의미가 크다. 회중들은 음악을 따르고 참여하는 것을 읽는 것보다 듣는 것으로 하기 때문에, 인도자는 회중들이 따를 수 있는 명확하고 뚜렷한 멜로디를 제공하는 주요한 싱어가 되어야 한다.[46] 인도가 명확하지 않을 경우, 회중들의 관심은 어떤 음을 노래해야 하는지를 분별하는 것과 곡이 어디로 향하는지를 예측하는 데 쏠릴 것이다. 최악의 경우에, 음악의 명확한 인도가 부족하면 배보다 배꼽이 더 커져, 오히려 회중들이 곡의 목적지를 정하게 되고 인도자가 따라야 할 것이다.

이것은 현실적으로 무엇을 의미하는가? 다른 무엇보다도, 당신은 회중들이 들을 수 있고 이해할 수 있는 방식으로 노래를 해야 한다는 것이다. 그리고 이것은 당신의 노래 스타일과 음색에 중요한 영항을 끼친다. 독특한 노래 스타일이나 혹 당신이 좋아하는 인기 가수의 목소리를 따라하려고 비브라토[47]와 같은 노래 테크닉을 사용하는 것은 회중들이 당신이 무엇을 말하는지 듣는 데에 어려움을 줄 수 있다. 둘째로, 곡의 전환점들은 당신이 인도하는 데 가장 중요한 순간들이다. 후렴을 반복하거나, 곡의 브리지 부분으로 향하는 순간에, 회중들이 당신이 방금 무엇을 했는지에 대해 추측하는 것이 아니라 당신을 매끄럽게 따라갈 수 있도록 하는 것이 중요하다. 이것은 보통 곡이 넘어갈 다음 마디의 일부를 단순하게 말하거나 노래하는 것을 요구한다. 반복을 하는 경우에 당신은 "우리 다시 불러요"와 같은 말을 하면 된다. 일반적으로, 곡이 시작하기 전보다 그 순간에 이러한 지시를 주는 게 낫다. 그러면 회중들이 전체적인 구조를 외우지 않아도 그들에게 주어지는 대로 곡을 받아드릴 수 있다.

그저 따라갈 수 있는 선명한 멜로디를 주는 것보다 표현력이 넘치는 인도는 음악 인도자가 단순히 음악을 인도하는 것이 아닌 예배 인도자로서의 인도를 보여준다. 이것이 현대 예배의 특성이기도 하다. 당신이 노래하고 어떻게 당신의 목소리와 몸으로 예배를 보여줄 수 있는가도 중요하다는 것이다. 이 시점에서 당신은 내가 현대 예배가 처음 시작되었을 때부터 음악 CD 커버나 잡지에 실린 사진들에서 볼 수 있는 인위적인 예배 자세를 취하는 것을 권장하는 것에 반대할 수도 있다. 그것은 타당한 걱정이다. 예배 인도는 진실성을 연기하거나 흉내 내는 거짓된 방식으로 진행될 수도 있다. 위험한 점은 회중들은 눈을 감고, 손을 허공에 들고, 얼굴을 하늘로 드는, 오직 그럴싸한 몸짓이 보여야 예배가 잘 진행되고 있다는 것을 감지할 것이다. 그렇다고 해도, 당신이 회중들을 위해 직접 예배의 본을 보여줄 필요가 없다는 것은 아니다. 만약에 회중들이 자신들이 부르는 가사가 의미 있다는 것을 감지하려면, 당신의 전달력을 통해 가사의 의미를 표현해야한다. 곡의 본문만이 의미를 전달하지는 않는다. 어떻게 불리는가에 따라 전달되기도 한다. 그러므로, 음악을 인도하려면, 예배를 드리는 것에도 앞장서야 한다.

곡 사이의 흐름: 4중 구조 예배 순서로 예배자를 초대하는 기획

현대 예배를 위한 음악 스타일에서 흐름을 배우는 것이 중요한 만큼, 준비 단계에서 또 다른 중요한 요소가 등장한다. 좋은 현대적 음악 예배는 4중 구조 예배 순서에 맞춰 함께 흐르고 매끄러운 하나가 되는 선곡과 편곡이 수반된다. 이러한 기획은 세심한 준비와 인도로 음악 예배가 회중들을 맞이하고 그들이 이해할 수 있게 만들어준다. 그 이유는 회중들이 왜 노래를 부르고, 무엇을 부르는지 직감할 수 있어서 예배의 행위에 더 완전히 참여할 수 있기 때문이다. 현대 예배 곡들을 모을 때 그것이 어떻게 예배를 돕는지 참고하지 않는 것은 회중들이 이해하고 참여하는 예배를 만들기에는 불충분하다. 곡 사이에 좋은 흐름도 중요하다. 함께 잘 어우러지는 곡들이 있으면, 예배의 큰 틀에서 벗어나지 않고서 회중들은 더 깊게 참여할 수 있다.

곡을 기획하기

우리는 어떻게 흐름이 있는 음악적 예배를 기획할 수 있는가? 우선 예배의 형태와 당신이 선택한 곡이 어떻게 전체의 한 부분으로서 기능할지 가늠해야 한다. '말씀과 성찬' 예식의 4중 구조 예배 순서를 고려해 곡이 더 넓은 구조에 맞는지 스스로 질문해야 한다. 하지만 이 책에서 우리가 기억해야할 것은 예배를 물건들로 생각하는 것에서 회중들의 행위들로 생각하는 전환이다. 그렇다면 우리가 물어야 할 질문들은 이렇다. 회중들은 거대한 4중 구조의 예배에서 무엇을 해야 예배를 잘 드릴 수 있을까? 그리고 음악이 그 목표에 어떻게 알맞는가? 어쩌면 곡이란 회중들이 하나님을 찬양하고, 기도하고, 성경 말씀을 읽을 준비를 하고, 죄를 회개하는 것과 같은 행위들을 위한 수단이 될 수 있다. 이러한 질문을 하는 것은 어떤 곳에서는 음악이 없는 것이 나은지 고려할 수 있게 도울 수 있다. 만약에 많은 경우의 현대 예배와 같이, 당신의 교회가 예배 초반에 여러 곡을 부른다 해도, 그 곡의 콘티가 주는 형태와 이야기가 있을 것이다. 그것이 좋은 형태인지 아닌지는 어떻게 곡이 선택되었고 인도되는지에 달려있다. 이것을 이해하는 것은 곡이 예배의 구조

안에서 흐르고 알맞게 하는 것을 가능케 할 것이다. 이것은 음악 인도자가 음악가 이전에 예전적 예배 학자가 되는 것을 요구한다.

예배의 구조만 고려할 것이 아니라, 좋은 곡 선택은 예배의 중심이 되는 주제와 아이디어, 또는 본문을 고려해야 한다. 당신의 선곡이 하나님이 말씀하시고 회중들이 기도와 찬양을 통해 응답하는 데 어떻게 도움을 줄 것인가? 예를 들어 만일 설교가 제자도의 강한 부름을 담았을 경우, 좋은 응답의 곡이 뒤따라 회중들이 하나님을 섬기는 데에 자신을 새롭게 바치도록 독려할 수 있다. 또한 곡이 선택되는 다른 요소들도 고려해야 한다. 이것은 회중들이 예배를 드리러 올 때 가장 우선이 될 수 있는 반복되는 사순절과 크리스마스 같은 절기와 예전 스타일, 또한 일회성 행사들을 포함할 수 있으며, 슬프고 기쁜 행사들을 포함해 공동체의, 국가의, 또는 세계의 행사일 수 있다. 물론 이것은 고려해야할 장황한 목록이다. 하지만 예배의 구조와 내용에 대한 진지한 고려는 예배자를 맞이하고 사로잡는 예배를 만드는 핵심이다.

음악이 당신의 교회를 어떻게 섬기는지에 대한 필수적인 형태에 대해 이해했다면, 이제는 함께 흐르고 전체에 알맞는 곡을 선택할 준비가 되었다. 함께 어우러질 수 있는 곡의 프로그램을 짜려면, 곡이 어떻게 서로 어울려서 4중 구조의 '말씀과 성찬' 예배 순서에 알맞을 수 있는지 물어보는 것도 좋다. 곡의 내용과 회중들을 인도하는 이야기에 집중하라. 만일 어떤 곡이 참회의 기도 곡인데, 다음 곡이 창조물의 아름다움에 대해 하나님을 찬양한다면 회중들은 혼란스러울 수 있다. 마찬가지로 당신이 고른 곡들의 감정적 궤도를 생각해보라. 그것들이 일관된 방향으로 향하는가 아니면 회중들에게 감정적 곡예를 요구하는가? 가장 중요한 질문은 선곡이 회중들을 맞이하고 그들이 이해할 수 있는 것인가? 곡이 정해지면, 기획의 다음 단계는 곡들 사이의 흐름의 감각이 어떻게 전환하는지를 고려하는 것이다.

곡 전환

곡사이에 좋은 연속성을 만드는데 있어, 예배 전 준비에서 가장 중요한 것 중 하나는 당신이 음악가로서 어떻게 시작하고, 끝나고, 곡 전환을 할 것인지를 기획하는 것이다. 정확히 말하면, 연속성과 곡들 사이에 흐름의 중요성을 주장함으로서, 예배 스타일이 현대적이기 위해 곡이 함께 흘러서 매끄러운 전체를 만드는 것이 필수적이거나 유익하다고 말하는 것이 아니다. 이것은 틀림없이 좋고 유용한 기법이지만, 그것만이 방법은 아니다. 하지만 중요한 것은, 당신이 곡 전환에 대해 깊이 생각하고 관심을 갖는 것이다. 이것은 회중들이 음악적으로 방향성을 갖고 예배에 참여하고 있다는 느낌을 줄 수 있다. 더불어 당신이 예배에 대한 참여를 강화하기 위해 현대 예배 음악의 유연성이 주는 기회들을 활용하게 될 것이다.

내가 앞에서 언급했듯이, 현대 예배 곡들의 구조는 유연하다. 구조가 비교적 정해져 있는 찬송가와 달리 현대 예배 곡은 대부분 조정이 가능하다. 이것은 곡을 전환할 때 활용할 수 있는 유용한 아이디어다. 곡이 기도와 성경 통독과 같이 예배의 서로 다른 부분인지, 혹은 잘 공명하는 부분이 있는지는 좋은 질문이 될 것이다. 만약에 있다면, 회중들이 그 곡을 통해 응답의 의미를 발견할 수 있도록 그 부분에서 곡을 시작하는 것도 도움이 된다. 물론, 이것은 정해진 그리고 분별 있는 범위 안에서만 가능하다. 예를 들어 3절의 둘째 줄에서 시작하는 것은 성도들을 헷갈리게 할 수 있다. 일반적으로 회중들이 잘 모르는 곡으로 이러한 창의적인 장난을 치는 것은 도움이 안된다. 더불어 이것이 더 효과적이려면, 설명과 멘트를 덧붙여야할 정도로 이 기법을 너무 과도하게 사용하면 안된다. 모든 곡이 중간에서 시작하면, 회중들을 사로잡는 예배가 아닌 별난 예배가 된다.

원래의 시작점과 끝나는 점을 따르는 곡들 사이에는 전환하더라도 연속성을 유지하는 방법들이 있다. 이것을 성취하는 데 가장 쉽고 효과적인 전환 코드는 두 번째 딸림 화음이다. 이것은 당신이 전환하는 다음 곡 새로운 키의 5도 화음이다. 새로운 키의 1도 화음을 단언하기보다, 귀가 새로운 키에 방향을 틀 수 있도록 두 번째 5도 화음(도미넌트 코드)이 다음 키로 바뀌는 긴장감을 조성한다.[48][49]

다음 곡으로 넘어갈 때 전환 코드를 사용하는 것은 추가적인 혜택이 있다. 각각 다른 길이의 다양한 도입부를 사용할 수 있다. 만약에 새로운 곡의 템포를 잡아주는 유용한 전환 코드를 제공했다면, 회중들은 새로운 곡을 시작하기 위해 그들이 필요한 새로운 키와 템포를 갖고 있다. 인도자로서 당신은 더 긴 도입부를 제공하거나 또는 곡을 바로 시작해 좋은 연속성과 흐름을 만들 수 있다. 반대로 소리 내서 말하는 기도 또는 두 곡 사이에 전환이 있어야 한다면, 악기가 소리 내어 말하는 요소를 대신해 사용될 수도 있다.

현대 예배 음악 인도를 성장시키는 방법

한 연합감리교회 목사가 자신의 교회에서 현대 예배를 인도하기 위해 새로운 음악가들이 필요했을 때, 자신의 교파에서 음악가를 구하지 않았다고 전했다. 오히려 항상 오순절파의 교회에서 이미 현대 예배에 익숙한 음악가들을 모집하려 했다. 이 관행은 주류의 회중들에 대한 나의 경험에서도 사실이다. 현대 예배를 인도하는 것에 대한 중요하고도 뼈아픈 진실은 이것이 가르침을 받는 것보다 사로잡히는 것이 더 쉬운 예배의 형태인 것이다. 현대 예배를 가르치는 모든 책에서 대부분의 교회들은 현대 음악가들이 음악 이론의 기초 안에서 성장하게 돕는 것이 현대 예배를 잘 인도할 훈련된 음악가들을 만들어내는 것보다 수월한 것을 안다.

이번 장은 음악을 어떻게 연주하는지와 함께 음악적 곡의 시간들이 어떻게 이어지고 인도되는지에 대해, 현대 예배의 음악적인 예배 인도를 더 성장시킬 수 있는 방법들을 제공하려 했다. 하지만 당신이 현대 예배에서 강한 음악 인도자로 성장하려면, 대중음악과 현대 예배에 대한 즐거움이 없는 길을 상상하기는 어렵다. 근본적으로 그들은 음악을 즐긴다. 그들은 들은 곡의 리프(riffs)[50]를 배우고 싶어 한다. 그들은 앨범에서 들리는 것과 동일하게 연주하고 싶어 하고 이후에는 친구들에게 반복적으로 들려주고 싶어 한다. 그들은 어떻게 특정한 소리를 낼 수 있는지 곰곰이 생각하고 그것을 가능케 하는 새로운 장비를 구비한다. 그들은 그러한 소리와 리프를 그들이 연주하는 다른 음악에 포함시키고 다른 음악가들이 그 스타일을 따르는데 도와준다. 한마디로 대중음악을 잘 사용하는 사람들은 그것을 배우고 연주하는 것에 의욕이 있다. 현대 예배가 당신 자신의 예배와 교회의 예배에 무언가를 기여할 것이라는 동기 없이는, 당신이 그것의 음악적인 원리를 진실되고 능숙하게 사용하기 위해 몸부림치는 낯선 스타일로 남을 것이다.

그러므로 나의 마지막 간곡한 권고는 대중음악에 대한 감각을 기르는 것이다. 기독교 음악도 포함하지만 반드시 그래야만 하는 것은 아니다. 어떤 스타일이고 밴드인지는 특별히 중요하지 않다. 현대 예배 또는 팝 음악은 한결같지 않아서 당신의 즐거움도 그럴 필요는 없다. 사실은 당신이 다양한 음악을 듣는 게 도움이 될 것이다. 중요한 것은 음악을 듣기 원하고 따라하는 것이다. 기독교 제자도에서 그렇듯이, 모방은 현대 예배를 잘 드리는 것을 배우는 데 강력한 도구다. 곡 콘티를 어떻게 효과적으로 만들어야 하는지 배우고 싶으면, 라이브 공연을 세속의 것과 예배의 것 둘 다 보고 음악가들이 어떻게 아이디어와 음악적 요소들을 곡을 통해 연결시키는지 이해하는 것이 도움이 될 것이다. 음악이 어떻게 편곡되었는지 들어보라. 밴드가 어떻게 협력하고 어떻게 다른 악기들이 각기 다른 역할을 채우는지 들으라. 음악이 어떻게 예배자를 사로잡고 예배로 초대하는지에 대한 안목을 기르라.

제 6 장

언어적 흐름: 무엇을 말하는가?

글렌 스탤스미스 Glenn Stallsmith

현대 예배와 전통 예배는 악기와 약식과 격식의 정도, 그리고 기술 사용을 포함한 여러 면에서 다르다. 이러한 차이점들은 쉽게 파악할 수 있지만, 이들만큼 본질적인 분명한 차이점에 집중해보자. 전통 예배는 여러모로 문자에 집중한 수백 년의 기초를 두고 있다. 즉 눈을 위해 디자인된 것이다. 반대로 현대 예배는 귀를 위해 만들어지고, 언어가 어떻게 사용되고 들리는지에 의해 형성되었다.

우리가 굳이 교회에 가야만 이 차이를 느낄 수 있는 것이 아니다. 예를 들어, 운동 경기장이 교실과 어떻게 다른지 생각해보라. 어린 아이들을 위한 교실이거나 대학원생을 위한 교실이거나, 모두 문자에 기초를 두고 있다. 학생들은 책상에 앉아서 종이에 글을 쓰거나 노트북에 타이핑을 한다. 교사들은 항상 인쇄물, 교과서, 또는 파워포인트, 슬라이드쇼를 통해 문자에 기초를 둔다. 교실의 배치와 소통의 형식 또한 논리적이고 순차적이다. 교사들은 변함없이 이런 말을 반복한다. "이 개념을 다 이해했지요? 다음으로 넘어갈게요." 하지만 당신이 운동 경기를 갈 때 글을 들고 가는 경우는 드물다. 경기장은 당신이 책 또는 인쇄물을 읽기 위해 디자인되지 않았다. 오히려, 운동장, 코트, 또는 얼음 등에서 행동이 이루어지도록 모든 것이 지어졌다. 그 활동은 분명히 볼 수는 있지만, "읽혀지지는" 않는다, 다시 말하면 운동 경기는 어떠한 논리적인 순서의 계획된 행동들을 따르지 않는다. 이 예측할 수 없는 점이 바로 스포츠를 재미있게 한다. 우리는 경기 또는 시합을 읽지 않는다. 우리는 관찰하고 반응한다, 일반적으로 환호하거나, 박수치거나, 소리 지르거나, 한숨을 내쉬거나, 끙끙대면서 말이다.

　같은 이유로 전통 예배는 현대 예배와 다르다. 전통 예배의 순서는 책자 또는 예배 주보에 적어서 회중들에게 제공된다. 이것은 처음부터 끝까지 한 눈에 볼 수 있는 논리적인 순서가 있다. 다시 말하면, 전통 예배는 "읽을" 수 있다. 반대로 현대 예배는, "읽는" 것보다는 경험하는 것이다. 예배자가 인쇄된 예배 순서지를 받는 것은 드물다. 오히려 예배자들은 예배의 매순간 한 걸음 한 걸음 인도된다. 그 무엇도 미리 제공되지 않는다. 곡의 가사도 필요한 순간까지 밝혀지지 않는다.

　그러므로 현대 예배는 예배자들이 상황을 따를 수 있도록 수많은

'이정표'를 제공해야 한다. 이정표는 회중들을 위해 두 가지 역할을 한다. 첫째, 이전 행위에 대해 상기시킨다. 둘째, 다음 행동을 가리킨다. 이정표는 일관된 흐름과 탄력의 느낌을 주고, 좋은 이정표를 만드는 것은 예배에서 말하는 역할을 누구든 감당해야한다.

올바른 이정표를 세우지 못하게 되면 예배자들은 광야에서 헤매는 느낌을 받게 된다. 유감스럽게도 어떤 현대 예배들은 회중들이 안내가 필요 없다는 가정 하에 준비된다. 이것은 매우 큰 실수다, 여러 세대의 걸쳐 그리스도인들은 예배에 참석할 때 지도를, 즉 주보에 인쇄된 예배 순서지를 받았다. 하지만 현대 예배에서 분명한 지시 사항 없이는, 회중들이 향하는 방향을 말로 상기시켜야 한다. 현대 예배에서 예배 팀은 설교의 주제와 맞물리는 좋은 곡들을 준비하지만, 그러한 연관성에 대해 말하지 못하는 경우가 허다하다.

이정표를 세우는 것은 예배자들이 주제와 관련된 요점들을 놓치지 않도록 하고, 유능한 예배 인도자는 이러한 순간들을 만들기 위해 뒤를 가리키고 앞을 바라보는 것을 배울 것이다. 이번 장은 각각의 이정표가 필요한 현대 예배에서 일어나는 세 가지 종류의 언어에 대해 다룰 것이다. 언어 전환, 기도, 그리고 설교다. 아래의 내용들은 이정표가 필요한 목회자들, 음악가들, 그리고 예배를 인도하는 데 말을 하는 역할만 담당하는 사람들에게 해당될 것이다.

언어 전환

대부분의 전통 예배는 현대 예배보다 더 많은 요소들로 구성되어 있다. 예를 들어 '말씀과 성찬'의 예배에서 얼마나 다양한 순서가 있는지 생각해보라. 만남과 인사, 다수의 성경봉독, 신앙고백, 예물 봉헌, 죄의 고백, 성찬 초대 등이다. 반대로, 현대 예배는 가장 기본적으로 오직 회중을 위한 찬양과 설교만 필요하다. 대부분의 현대 예배는 적어도 예물 봉헌이나 어떤 종류의 기도를 추가해 이보다 많은 것을 포함하기도 하지만, 전통 예배에서 볼 수 있는 만큼 순서가 여러 개로 나누어지지 않았다. 전통 예배에서는 당연하다는 이유로 회중들에게 인쇄된 예배 순서지를 나누어준다. 따라야 할 것이 많고, 예배자들이 길을 잃을 기회들이 많다. 많은 주류의 회중들은 그들의 현대 예배에서마저, 다른 현대 예배들보다 전통 예배의 요소들을 더 많이 유지한다. 예배에서 한 순서가 더해질 때마다 사람들이 길을 잃을 기회도 추가된다. 예배에서 다른 순서들 사이에 등장할 경우, 언어 전환은 사람들이 인쇄된 예배순서지가 없어도 길을 잃지 않게 도와주는 좋은 이정표가 된다. 좋은 전환들은 사람들이 어디에서 와서 어디로 향하는지 상기시킨다.

 두 가지의 일반적인 예배의 행위들, 성경봉독 누가복음 15장의 탕자의 비유 그리고 찬양 '피난처 되신 주(You Are My Hiding Place)' 사이에 일어나는 전환을 가정해보자. 전통 예배에서 모두 예배 순서지를 갖고 있을 때는, 구두의 전환은 아예 없을 수 있다. 본문의 마지막 단어들을 읽는 순간 음악가들은 전주를 연주하기 시작해서 모두에게 찬양할 시간이라는 것을 알려줄 수 있다. 하지만 현대 예배는 예배자들에게 언어 이정표를 제공할 수 있다.

예를 들어, "하나님은 그의 은혜로 우리를 가차 없이 찾으시고, 또한 우리가 돌아갈 수 있는 집을 마련하시는 분입니다. 우리 모두 일어서서 우리의 피난처 되신 분에게 이 찬양을 드립시다."

이 전환은 이러한 역할을 한다.

우리가 어디에서 왔는지 알려준다.
"하나님은 그의 은혜로 우리를 가차 없이 찾으시고"는 누가복음 15장의 탕자의 비유를 담은 성경봉독에 대한 직접적인 언급이다.

우리가 다음에는 어디로 향하는지 가리킨다.
두 문장 모두 다가오는 곡의 주제를 언급한다. "집이 마련하시는"과 "피난처 되신"은 성경봉독과 찬양에서도 등장하는 개념들이다.

우리가 지금 무엇을 해야 하는지 인도한다.
"일어서서 … 찬양을 드립시다."는 분명한 지시며, 예배자들에게 무엇을 요구하는지 알려준다.

우리가 바라는 것은 이 언어 전환이 예배의 다른 모든 요소들과 같이, 손상이 아닌 이전과 이후의 순서들에 보탬이 되는 것이다. 이것은 주로 간결하게 이루어진다. 전환은 마치 건물의 더 큰 구조들을 잡아주는 이음새와 같다. 제 역할을 하려면, 이음새는 최대한 작아야 한다. 예배의 전환은 비슷한 역할을 한다, 스스로가 장애물이

되지 않으면서 모든 사람들이 한 순서에서 다음 순서로 넘어갈 수 있는 작은 공간이 되는 것이다.

마치 이음새가 건축의 두 요소들을 연결해주듯이, 효과적인 구두의 전환도 잘 디자인되어야 한다. 짧고 명료한 방식의 모든 소통은, 문어나 구어로 되어있어도 미리 계획된다. 마크 트웨인은 친구에게 이렇게 편지를 썼다고 한다. "내가 짧은 편지를 쓸 시간이 없어서, 길게 썼다."[51] 이러한 간결성의 원칙은 예배의 전환에도 해당된다. 예배의 이전 순서와 다음 순서를 간결하게 연결시킬 이정표를 만들기 위해, 예배 인도자는 미리 계획을 세워야 한다. 그렇다고 각 전환을 한자 한자 다 써서 읽어야 하는 것은 아니다. 그저 읽지만 말라. 너무 중요한 포인트이기 때문에 다시 말하겠다. 전환을 그저 읽지만 말라. 현대 예배는 임기응변과 약식을 중요시하고, 대부분의 예배자들은 마음에서 우러나와야 하는 말을 읽기만 하는 인도자와 소통하기 어려워할 것이다. 그러므로 언어 전환은 "계획된 즉흥성"의 순간이어야 한다. 예배가 시작되기도 전에, 예배 인도자는 전환이 필요한 순간들을 파악해 이전과 이후의 순서들이 무엇인지 질문해야 한다. 그 다음, 이러한 진술들을 내 것으로 만들거나, 암기마저 한다면, 인도자는 그것이 마음에서 우러나오고 자연스럽게 말할 준비가 되어있을 것이다.

'교회 행사에 대한 소식'은 엄밀히 따지면 전환은 아니지만, 같은 규칙이 적용된다. 예배에서 전환하기 적절한 시점을 찾아서, 미리 계획하라. 교회 소식을 간결하고 앞뒤의 순서를 연결시키도록 하

라. 어떤 현대 예배의 경우에는 교회 소식을 예물 봉헌과 함께 또는 진행되는 도중에 붙여 놓는다. 회중들의 예물을 교회의 선교 및 봉사활동과 함께 연결시키는 것이다. 또 다른 경우에는 예배 시작 전에 교회 소식을 전해서, 예배의 흐름을 방해하지 않도록 한다. 갈수록 많은 교회들이 예배 장소에서 사회관계망서비스(SNS)와 모니터에 의존해서 중요한 소식을 전달하거나, 교회 소식을 말하는 것을 아예 피하려 한다. 예배에서 가장 적절한 시점을 찾아야 하겠지만, 어느 곳에서도 짧게 하라.

기도

현대 예배에서 기도는 대체로 임기응변으로, 강단 또는 무대 위에 있는 사람이 인도한다. 앞의 1장에서, 레스터 루스는 순교자 저스틴이 목사가 성찬식을 주재하는 모습을 묘사한 것에 대해 쓰면서, 본인의 능력에 맞게 기도해야 할 것을 주목했다. 즉 초기 기독교 예배에서는 기도가 미리 쓰여 있지 않아서, 그 당시의 목회자들과 예배 인도자들은 임기응변으로 기도해야한다는 것을 알았던 것이다. 언어 전환처럼 기도는 미리 계획된 것처럼 들리지 않고, 마음에서 우러나와야 한다. 하지만 임기응변의 기도는 아예 준비가 필요 없다는 의미가 아니다.

기도 인도를 준비하기 위해, 언어의 전환에 살펴보았던 '이정표 세우기'의 기본적인 규칙을 사용하지만, 역사적 시간 범위를 더 넓히는 것이 중요하다. 언어의 전환은 이전에 전달된 말을 상기시키고 다가올 것을 알리면서 예배의 잇따르는 순서들을 연결해준다. 하지만 기도는 하나님의 구원에 대한 더 큰 그림을 기억하게 해주고, 성경말씀을 돌아보며 동시에 주님 안에서의 소망을 가리킨다. 기도는 특정한 예배에서의 몇 분의 시간이 아니라, 역사의 수천 년과 더불어 미래의 영원한 소망에 대해 생각하게 한다.

기도가 이 역할을 해내기 위해서는 구조가 필요하다. 특정한 단어들을 그 자리에서 생각해내더라도, 좋은 임기응변의 기도는 기본 틀이 있다. 예배를 인도하는 사람으로서, 준비할 시간 없이 갑작스럽게 기도를 해야 하는 순간에 바로 사용할 수 있도록, 당신에게 가장 알맞는 구조를 찾는 것이 좋다. 어떤 사람들은 즉흥적으로 활용할 수 있는 'ACTS(경고감간)'을 기본 구조로 사용하면서, 네 가지 순서를 거쳐 기도한다.

경배(Adoration): 하나님에 대해 말하기
고백(Confession): 하나님께 용서를 구하기
감사(Thanksgiving): 하나님께 감사로 응답하기
간청(Supplication): 하나님께 도움을 요청하기

'ACTS(경고감간)' 구조를 따르는 기도의 예는 이와 같다.

영원하신 하나님, 우리가 생각되기도 전에, 당신은 우주를 창조하고 계셨습니다. 당신은 우리를 예배하도록 창조하셔서, 당신

과 다른 사람들을 사랑하도록 만들어졌습니다. [경배] 우리는 당신이 바라시던 것을 행하지 않았고, 우리를 향한 당신에 계획에 미치지 못했습니다. 우리의 죄를 용서하시고 예수 그리스도의 구원의 일을 통해 우리를 씻어주시옵소서. [고백] 성령으로 충만하고 부활하신 예수님을 통해 우리에게 주시는 구원과 회복에 대해 우리는 참으로 감사합니다. 그를 시작으로, 오늘 예수님의 이름으로 이 자리에 모일 수 있는 것을 포함해 당신은 우리에게 많은 축복을 주셨습니다. [감사] 오늘, 일로 인해 그리고 질병, 긴급한 상황 등의 사유로 우리와 떨어져 이 자리에 함께 하지 못하는 사람들과 곧 다시 만날 수 있기를 구합니다, 하나님께 영광을 돌려드립니다. [간청] 아멘.

이것은 나쁜 구조가 아니지만, 그보다 더 오래된 고전 기도 형태가 존재하는데, 이것은 모음기도의 다섯 부분에 기초를 두고 있다 (coh-LEKT가 아니라 CAH-lekt로 발음된다.). 연합감리교회 예배서 447쪽에 설명된 모음기도의 형태는 다섯 순서로 나누어진다.

호칭(Address): 하나님을 어떻게 부르는가?
속성(Attribute): 당신은 하나님의 어떤 행동이나 특성을 어떻게 부를 것인가?
간청(Petition): 무엇을 구하는가?
목적(Purpose): 왜 구하는가? 요청의 목적이나 의도는 무엇인가?

송영(Doxology): 하나님을 만유의 주로 어떻게 찬양할 것인가?

현대 영어를 사용해 즉흥적으로 활용되었을 때의 모음 기도의 구조를 따르는 기도의 예는 이와 같다.

전능하신 하나님, 당신은 만물의 창조주이시고 우리의 구원자십니다. [호칭] 우리는 당신이 우리의 기도를 들으시는 것을 알고, 당신이 우리를 들으실 의욕이 우리가 기도를 드리는 의욕보다 넘치는 것을 확신합니다. 당신의 성경 말씀은 당신의 백성이 이집트에서 노예가 되었을 때, 그들의 청원과 우려를 외쳤던 것을 말해줍니다. 그리고 당신은 그들의 기도를 들으셨습니다. [속성] 그러므로 오늘 우리는 정부가 하나님을 증거 하는 것을 금지하게 하는, 적은 무리가 모여서 찬양하고 증거하고 기도해야 하는 어려운 곳에서 믿음을 지키려 노력하는 주님 안에서의 자매들과 형제들을 올려드립니다. 그들을 안전하게 인도하시고, 성경을 통해 그들에게 말씀하여 주시옵소서. [간청] 우리는 예수님께서 요단강에서 받은 세례와 마찬가지로, 우리와 같은 세례에 참여한 박해당하고 있는 이 그리스도인들을 위해 기도합니다. 이 기도의 행위마저, 우리 모두 그 언약에 우리에게 물과 성령으로 주신 새 생명에 약속에 참여할 수 있기를 기도합니다. 우리는 예수님의 세례에 참여해 향후 우리가 그와 함께 부활하고, 그의 마지막 승리에 당신의 교회 전부와 함께 참여할 수 있기를 원합니다. [목적] 우리의 구세주 되시고 성령으로 충만하신 성자를 통해 살아 계시고 통치하시는 유일하신 하나님에게 모든 존귀와 영광을 돌려드립니다, 예수님의 이름으로 기도 드립니다. 아멘. [송영]

이 기도가 출애굽과 예수님이 요단강에서 세례 받으신 사건에 대한 성경 기록을 포함해서 하나님의 구원의 역사를 거슬러 올라가는 것을 보라. 또한 우리의 현재의 간청도, 박해당하는 교회에 대한 기도 미래의 악에 대한 그리스도의 마지막 승리와 결부시켜서 포함한다. 그러므로 과거를 되돌아보며 미래를 내다보는, 수천 년을 아우르는 이정표를 세운다. 모음 기도[52]의 구조는 이렇게 역사를 넓게 보는 시야를 가져다주면서, 예배자들이 하나님의 구원 역사에 비추어 어디에 살고 있는지 상기시킨다.

이 두 샘플 기도문이 어떻게 들리는지에 대해 한마디 덧붙이겠다. 약식과 임기응변의 기도로 들리게 최선을 다했지만, 쓰였다는 사실 자체로 실제 예배에서 한자 한자 낭독되었을 때 마음에서 우러나오는 것처럼 들리지 않을 것이다. 임기응변의 기도는 멈춤, 계획되지 않은 반복, 틀린 발음, 그리고 '음…'과 '어…'와 같은 결점을 갖고 있을 것이다. 그렇다고 실수를 미리 기획해서 일부러 넣으라는 것은 아니다, 하지만 그 순간에 장소와 그 시간에 알맞는 말을 찾으면서 실수가 자연스럽게 일어날 수 있는 것을 감안하라. 사전에 계획된 기도는 연습된 것처럼 들리지 않아야 한다. 현대 예배에서 예배자들은 당신이 암기한 기도를 암송하는 것을 원하지 않는다.

말씀 읽기

'말씀과 성찬' 예식 순서를 따르는 예배의 특징인 성경봉독은, 대부분의 경우 성경의 넓은 범위에서 두 세 구절을 선택한다. 구약에서 한 구절, 별도의 시편 봉독, 서신서와 복음서를 포함한 신약에서 두 구절이다. 반대로 현대 예배에선 10절 이상의 다수의 성경봉독을 하는 경우는 드물다. 다수의 성경봉독을 갖는 것에 대한 장점을 논할 수 있겠지만, 긴 구절들을 낭독하는 것은 현대 예배가 추구하는 흐름을 쉽게 깰 수도 있다. 그러므로 현대적인 흐름을 갖고 있는 예배는 성경을 다르게 표현하는 방법들을 찾아야한다. 다음은 몇 가지 옵션이다.

연극

성경의 이야기를 연기하는 것은 내용을 창의적으로 활용하는 방법이다. 대화를 더 단순하게 풀어가고 글의 배경을 재현해내면, 회중들은 아직도 많은 전통 예배에서 강조되는 인쇄물에서 해방할 수 있다.[53]

하지만 성경 구절을 각색하는 작업은, 많은 노력이 필요하다. 기획하고 연습하는 기술과 시간이 필요하다. 더불어 21세기의 많은 회중들은 기대치가 높다. 존재만으로도 흥미로운 어린 아이들이 있지 않는 이상, 회중들은 성경구절의 거의 완벽한 묘사를 보기 원할 것이다. 그 이하의 것은 방해가 되거나 예배의 흐름을 감소시킬 것이다.

영상

시각적으로 성경 구절을 묘사하기 위한 더 현실적인 옵션은 영상을 틀어주는 것이다. 이러한 프레젠테이션을 위한 자료들은 매달 새롭게 올라오고 있는데, 대부분 높은 품질이며, 몇 초에서부터 몇 분까지 다양한 길이의 영상들이 있다.

찬양 안에서

연극 또는 영상의 큰 단점은 음악의 흐름을 방해하는 것이다. 흐름과 온전함을 유지하며, 성경말씀을 구두로 선사하는 더 단순한 예배 방법이 있다. 예배 곡의 구간들 사이에 성경 구절을 읽으면 된다. 대부분의 찬양이 절-후렴-절-후렴-브리지-후렴의 스타일을 따르기 때문에, 현대 곡들은 이러한 창의성을 발휘할 수 있는 구조를 갖고 있다. 이 여섯 구간 사이에 성경구절을 일부 읽을 수 있는 다섯 번의 기회가 있다. 음악가들은 계속해서 배경에서 연주를 하고, 화면에 구절을 띄워서 모두 따를 수 있게 만드는 것이다. 예배 팀은 주어진 환경에서 어떤 형식이 가장 알맞은 지 다양한 조합들을 실험해볼 수 있다. 예를 들어, 성경봉독을 여러 부분으로 나누는 것이 적절하지 않다면, 곡의 브리지 부분과 마지막 후렴 사이에 구절 전체를 읽는 게 나을 수도 있다. 이러한 문제들을 해결하는 것은 구절의 내용과 곡의 스타일, 다가오는 설교의 주제에 따라 달라질 것이다.

설교

설교자를 위한 준비 자료들이 많다. 성경의 주해, 설교 문체의 요소들, 짜임새 있는 메시지를 위한 구성요소, 그리고 예시와 이야기를 사용하는 그리고 사용하지 말아야 하는 방법 등이다. 우리의 관심은 더 한정되었다. 구체적으로 말하자면, 어떻게 "설교자가 예배의 흐름을 설교에 적용할 수 있을까?"다. 주류의 전통 예배들이 현대 찬양과 경배의 방식으로 더 잘 흐르기를 원하는 설교자들을 위해 세 가지의 단순한 규칙을 제안한다.

설교 규칙 #1: 성경 말씀으로 시작하라.

이것은 설교를 시작할 때 성경 말씀을 읽어야 한다는 의미는 아니다, 이 또한 성경 구절을 회중들과 나누는 방법이지만, 오히려 설교자는 선택된 구절의 본론으로 들어가야 한다. 예배에서 이 순서를 향해 찬양 곡들과 기도들이 인도 되었고, 예배자들은 하나님의 말씀을 들을 기대를 하며 이 순간을 기다려왔다. 음악가들은 의미 있고 감정적인 지점에 잘 도달할 수 있도록 준비하고 연습하며, 이 순간을 위해 많은 수고를 했을 것이다. 설교를 서론이나 농담으로 시작하는 유혹에 빠지지 마라. 만약에 설교자가 회중들에게 자신을 소개해야 한다면, 예배의 앞선 순서들에서 인사를 드리거나 교회 소식을 전할 때 하라. 설교의 시작은 오랜만에 만난 사람들에게 인사하는 시간이 아니다.

설교 규칙 #2: 설교를 예배 전체의 이정표로 만들어라.

언어의 전환 또는 기도와 같이, 설교를 과거와 미래로 향하는 이정표로 여겨라. 성경에서 드러나는 하나님의 구원의 일에 대한 긴 역사를 되돌아보고, 예배자들이 최근의 삶에서 경험한 것을 다루어야 한다. 마찬가지로, 설교는 미래의 두 가지의 차원을 가리켜야 한다. 모든 것을 완성시킬 마지막 종말론적인 소망과 예배를 떠나서 예배자들을 기다리고 있는 일상의 사소한 것들이다. 과거와 미래 이 두 차원을 기억하라. 단기간과 장기간의 시간적 틀과 함께 생각하면서. 당신의 설교가 성경의 진리에 기초를 두는 동시에 현실성을 갖게 해 줄 것이다. 예배자들의 실제 경험에서 가장 가까운 과거와 미래를 생각하고, 예배의 요소들에 대해 말하는 것을 잊지 말라.

설교 규칙 #3: 다음 예배 순서가 무엇인지 예고하면서 말씀을 마무리하라.

연합감리교회 찬송가집과 다른 주류의 자료들에서 등장하는 '말씀과 성찬' 예배는 설교를 뒤따르는 중요한 예배의 행동들이 있을 것이라 가정한다. 당신이 성찬식을 거행하거나 안 하거나, 설교 직후에 예배의 순서를 늘려서 찬양 한 곡 이상 부르는 것을 고려하라.[54] 성경봉독과 말씀 선포를 통해 하나님을 만난 예배자들은 응답할 수 있는 기회를 원할 것이다. 이것은 많은 회중들의 경우에는 또 다른 곡 콘티의 형태로 나타날 수 있다. 실로 하나님이 행하신 일에 대한 설교를 들은 뒤에 왜 찬양을 하지 않겠는가? 치유의 시간을 포함해, 기도와 중보의 순간들은 예배에 대한 응답을 요청하는 데 효과적일 수 있다. 예배의 흐름을 음악과 찬양으로 유지하면서, 헌금을 하거나 또는 평화의 인사를 하는 것마저, 각각 하나님의 계시에 대한 응답으로, 반주와 함께 진행될 수 있다. 설교자들이 설교 이후의 응답을 생각하면서 그들의 결론과 다음 순서를 연결시킬 때, 그들은 다가오는 순서에 대한 기대를 하게 한다. 축복의 기도와 함께 회중들을 예수 그리스도의 능력의 증인으로 세상으로 보내는 것이다.

설교에 대한 마지막 생각이다. 설교자가 설교문을 사용해야 하는가? 현대 예배의 설교자들을 살펴보면 다양한 스타일이 드러난다. 어떤 교회들은 설교자가 성도들과 계속 눈을 마주칠 수 있도록, 프롬프터를 사용할 수 있는 기술과 인력을 갖추었다. 하지만 더 일반적인 설교 방식은 연설문과 어느 정도의 임기응변을 결합하는 것이다. 다시 말하면 대부분의 설교는 어떠한 연속성 안에 존재한다. 한 자 한자 읽는 것도 아니고, 그 자리에서 만들어내는, 완전히 임기응변의 것도 아니다. 현대 예배가 눈보다는 귀를 위한 것이라는 사실을 생각하면, 설교자들은 그저 강의문을 읽지 않는 것을 유념해야 할 것이다. 요컨대 예배자들은 설교자가 메시지를 알고 믿는 형태로 전달되기를 바란다. 다시 말하면, 쓰였더라도 마음에서 우러나오는 말이어야 한다.

'이정표 세우기'는 예배의 모든 부분에서, 예배자들의 관심을 유지시키는 것이나 예배의 전체적인 틀을 잡아주기 위해서만이 아니다. 이것은 하나님이 성령 안에서 예수님을 통해 계속 진행되는, 구원하고 보내시는 일을 지키는 것이다. 대부분의 예배자들은 교회의 기록물을 일상에서 들고 다니지 않는다. 그러므로 귀를 위해 기획된 예배의 장점은 사람들이 자신이 들은 것을 기억할 가능성이 더 높다, 그것이 언어의 방식으로 제공되었다는 가정 하에 당신의 예배가 반드시 하나님의 구원의 일의 과거, 현재, 그리고 미래의 발자취를 따라가게 하라, 그리고 당신의 말을 통해 예배자들에게 하나님의 계획안에서의 그들의 자리를 끊임없이 상기시켜주라. 하나님의 사람들은 다시 모여서 복음에 대해 더 들을 때까지 이 약속들과 하나님의 은혜의 증거를 갖고 갈 것이다.

제 7 장

시각적 흐름: 프레젠테이션 기술

앤드류 T. 이스트스 Andrew T. Eastes

20세기에 가장 큰 논란이 되었던 예전적인 발전은 아마도 프로젝터를 접목시킨 일일 것이다. 그럼에도 불구하고, 논란이 되는 부분은 이 예전의 혁신이 미국 교회에서 서서히 보편화되는 것을 막지 못했다는 것이다.[55] '전국 회중 연구회(the National Congregations Study)'의 조사에 의하면 1988년에 오직 12퍼센트의 미국 교회들이 프로젝터를 사용했다고 하지만, 2012년에는 35퍼센트로 올랐다. 더 큰 교회들이 프로젝터를 사용하는 경향을 감안하면, 같은 연구에서 45퍼센트의 미국 예배자들이 프로젝터를 주일에 경험했다.[56] 이와 동시에, 교회들은 시각적인 프로젝터의 전문성을 향상시키기 위해 프레젠테이션 기술을 접목시켰다. 시각화를 위한 문화적인 접목들이 늘어나고 있는 것은 프로젝터와 프레젠테이션 기술이 앞으로 지속되고 더 보편화될 것을 보여준다.

프레젠테이션 기술이 예배에서 흔해지면서, 예전적 예배 학자들과 미디어 전문가들은 그것의 이익과 위험성을 밝혔다.[57] 한편으로는 예배에서 프레젠테이션 기술을 바르게 사용하면 수많은 이익이 있다. 아일린 크라울리(Eileen D. Crowley)는 미디어가 어떻게 정보를 전송하고, 참여를 북돋고, 언어의 소통을 강화하고, 발견을 위한 공간을 마련하고, 아름다움을 더하는 것에 주목했다.[58] 이러한 각각의 기능들은 하나님과 더 의미 있는 만남을 가능하게 함으로 예배에 기여할 수 있다. 더불어 회중들에 대한 일련의 연구들에 의해, 릭 블랙우드(Rick Blackwood)는 시각적인 요소들이 참여자들의 주의와 이해, 기억을 향상시키는 것을 보여줬다. 그는 더 많은 시각화가 예배 시간 동안의 참여와 예배 이후에 사람들이 믿음을 살아내는 가능성을 증가시킬 것이라고 주장했다.[59] 사실 프레젠테이션 기술의 유용함과 실증적으로 증명된 이익을 고려하면, 이 발전이 왜 보편화되었는지 알 수 있다.

반대로 프레젠테이션 기술들은 흔히 잘 활용되지 못해 잠재적인 위험들에 노출될 수 있다. 예배에서의 프레젠테이션 기술에 대해 퀀틴 슐츠(Quentin Schultze)는 자신이 9개월의 안식 기간 동안 관찰한 내용을 전달했다.

"어떤 시각적 프레젠테이션들은 어설픈 레이아웃과 디자인으로 인해 미적으로 많이 떨어졌다. 다른 것들은 예배의 주제 또는 성경 내용과 무관했다. 노래 가사들은 가끔 읽기 힘들거나 음악에 맞춰 화면에 띄워지지 않았다. 무엇보다도 프레젠테이션들은 빈번히 예배와 매끄럽게 흐르지 않았다. 그들은 전반적인 예배 예식을 감소시키며, 하나님으로부터 화면에 주의를 돌렸다."60

슐츠의 경험이 드문 일은 아니지만, 그의 묘사가 두 가지의 이유로 유용하다. 첫째, 그는 기술적 문제들이 예배를 방해하는 수많은 방법들을 간결하게 설명했다. 둘째, 그는 이 근본적인 문제가 단지 뛰어난 기술적 능력만이 아니라, 가장 중요한 신학적 본질을 다루고 있다고 했다. 예배에서의 참여를 높일 수 있는 기술은 그만큼 예배자들의 주위를 하나님으로부터 돌릴 수 있다.

슐츠의 이야기가 이 책의 바탕이며 주제다. 그것은 흐름이다. 흐름을 성취하는 것이 바로 예배에서의 참여를 높이는 프레젠테이션과 그것을 방해하는 프레젠테이션으로 나눈다. 역설적으로 고대의 흐름에 대한 감각이 새로운 기술들을 신실하게 사용하는 원칙이 된다. 예배에서의 참여를 극대화시키고 하나님께 더 주목하기 위해, 이번 장은 프레젠테이션 기술들이 어떻게 예배의 흐름을 방해하지 않고 강화시킬 수 있는지에 대해 탐구할 것이다. 이번 장은 흐름을 성취하는 방법을 여섯 요소들, 즉 이미지, 글, 색상, 영상, 전환, 그리고 기준을 함께 다룰 것이다. 이 여섯 분야에서 흐름을 성취하는 것은 영상 담당자들61이 슐츠가 말한 위험성을 피해서 집중할 수 있고, 참여할 수 있는 예배를 하나님에게 드리는 것을 보증할 것이다.

이미지와 흐름

영상 담당자들이 예배에서 이미지를 화면에 띄울 때, 그들은 이미지의 목적과 배치를 의식하고 흐름을 유지해야 한다. 처음에는 흐름이 자리 잡기 위해 모든 이미지가 전체 예배 예식의 목적에 부합할 것을 요구했다. 예배의 성경 내용, 주요 주제와 무관한 이미지가 무분별하게 등장하는 경우가 허다하다. 모든 찬양의 배경이 무의미한 별똥별이고, 자연에 대한 이미지들이 그저 "아름다워" 예전의 풍경을 어지럽힌다. 이런 일이 발생할 때, 이미지는 예전적인 목적에 부합하지 않고, 렌 윌슨(Len Wilson)의 말을 빌려, "거룩한 색덩어리"가 될 것이다.[62] 예배의 주제를 발전시키지 않는 이미지를 등장시키는 것은 궁극적으로 주의를 떨어뜨리고 흐름을 방해한다.

반대로 예배의 주제와 관련된 이미지를 선택하는 것은 예배의 흐름을 유지하고, 예배자들이 예배에 더 깊이 참여할 수 있다. 일반적으로 이 과정은 예배 전체를 나타내고 상징이 되는 대표 이미지를 선택하는 것으로 시작된다.[63] 이 대표 이미지가 자리 잡은 뒤에, 영상 담당자들은 그것에 해당하는 이미지들을 선택해서 예배의 다른 시점들에 추가할 수 있다. 예를 들어, 그리스도의 부활에 대한 예배에서는 빈 무덤을 대표 이미지로 사용할 수 있다. 그것에 해당되는 남겨진 수의와 같은 이미지들은 기도와 성경 내용을 담은 슬라이드에서 등장할 수 있다. 어떤 예배에서든 다수의 이미지를 사용할 수 있겠지만, 지혜로운 영상 담당자들은 예배 예식의 더 큰 목적에 부합한 이미지만 사용할 것이다.

적절한 이미지들을 선택한 후에, 그래픽 안에서 이미지를 배치하는 것은 흐름이 자리 잡는 데 있어 중요하다. 이미지를 그래픽에서 사용할 때마다, 보는 사람의 눈을 이끌 수 있는 초점이 항상 있어야 한다. 그렇지 않으면, 예배자들은 어디를 봐야할지 모르고 이미지의 요점을 놓칠 것이다. 확실한 것은, 한 그래픽에서 다수의 이미지를 화면에 띄우는 경우도 있다. 어떤 그래픽은 꽃, 화분, 그리고 작은 삽을 보여줄 수 있다. 하지만, 초점을 꽃 하나의 이미지에 두고 다른 이미지들은 화분과 삽을 돋보이게 해야 한다. 영상 담당자들은 초점을 다양한 방법으로 강조할 수 있다, 예를 들어 주요 이미지를 눈에 잘 띄는 위치에 두거나, 주요 이미지를 더 크게, 밝게 만들기, 또는 주변의 이미지들을 흐릿하게 만들어서 집중을 최소화하는 것이다. 더 나아가, 이미지와 글씨를 포함한 모든 그래픽 요소들 사이의 충분한 공간을 두는 것은 시각적 번잡함을 피하고 예배자들이 중심된 이미지를 알아보기 훨씬 쉽다.

전반적인 레이아웃에 대해서 말하자면, 비대칭의 레이아웃이 시각적으로 더 매력적이다. 대표 이미지를 중앙에 두는 것은 이미지를 반으로 나누게 되고, 시각적으로 지루하며, 보는 사람들의 관심을 사로잡지 못하는 정적인 이미지를 만들기 때문에 흐름을 방해한다. 이러한 문제들을 피하기 위해, 그래픽 디자이너들은 "3분의 1 법칙"을 자주 사용한다.

　그들은 이미지를 수평으로, 수직으로 각각 삼등분을 해서, 9개의 작은 상자를 이미지 위에 삼목(a tic-tac-toe board)64 그림처럼 형성시킨다. 영상 담당자들은 흔히 이미지의 주요 요소를 수직선 또는 수평선에 맞춰, 이미지가 중앙에 위치하는 것을 피해야한다. 따라서 수직적 물체들은, 예를 들어 고층 건물 등은 주로 수직선을 사용하며, 수평적 물체들은, 예를 들어 일출 등은 수평선을 사용할 것이다. 중심된 요소는 가능하면 수직선과 수평선의 교차점에 놓아 최대한 관심을 끌면 좋다. "3분의 1 법칙"을 따르는 것은 영상 담당자들이 이미지를 시각적으로 보기 좋게 배치해 보는 사람들이 예배에 완전히 참여하도록 도와주는 것이다.65

글자와 흐름

　영상 담당자들이 예배에서 글자를 화면에 띄우고 싶을 때, 그들은 글자의 서체, 배치와 크기를 정한다. 서체는 화면에 들어갈 글자의 분량에 따라 정해진다. 서체는 두 종류가 있다. 디스플레이 서체와 본문 서체다. 디스플레이 서체는 본문 서체보다 예술적으로 더 복잡하다. 그럼으로 디스플레이 서체는 설교 제목 또는 예배의 주제들과 같은, 짧은 글자를 강조할 때 유용하다. 이러한 서체들은 예배자들이 예배의 주요 문장들을 주목하고 기억하게 한다. 일반적인 디스플레이 서체는 '알레그로(Allegro)', '뱅코(Banco)', '엑소셋(Exocet)', 그리고 '스텐실(Stencil)'이 있다. 하지만, 많은 디스플레이 서체들을 성경 교독과 노래 가사와 같은 긴 분량의 문장을 읽어야 할 경우에는 너무 복잡하다. 디스플레이 서체를 찬양 가사에 사용할 경우 회중들이 말을 더듬거리고 참여하기 어려워할 수 있다. 이러한 경우에는, 더 단순한 본문 서체가 알아보기 더 쉬울 수 있다. 인기 있는 본문 서체는 '에리얼(Arial)', '길 산스(Gill Sans)', '고담(Gotham)', '헬베티카(Helvetica)', '미리아드 프로(Myriad Pro)', 그리고 '타호마(Tahoma)'가 있다. 어떤 서체는 짧고 긴 분량의 문장에 모두 사용될 수 있지만, 영상 담당자가 디스플레이와 본문 서체를 따로 선택해야 하는 예배의 경우가 많다.

　디스플레이와 본문 서체를 선택할 때, 서체가 주는 느낌과 문장의 감정적 어조가 일치되게 하는 것이 중요하다. 많은 서체들은 독자들에게 뚜렷한 감정을 불러일으킨다. 그러므로 서체의 형태는 대부분 무의식적일지라도, 단어의 의미를 넘어 소통할 수 있다. 예를 들어 '스크립트(script)' 스타일의 서체는 더 개인적이고 우아한 느낌을 주는 반면 '그런지(grunge)' 스타일의 서체는 더 강하고 개성 있는 느낌을 준다. 만약 서체가 단어 자체가 표현하는 어조와 어긋나는 느낌을 전달한다면, 흐름을 쉽게 깰 수 있다. "목사님에게 쓰는 편지들"이라는 제목의 목회 서신에 대한 설교 시리즈는 '스크립트(script)' 양식의 서체를, 예를 들면 '프리스타일 스크립트(Freestyle Script)'를 사용하면 개인적인 느낌을 줄 수 있다. 하지만 같은 설교 시리즈에서 '그런지(grunge)' 스타일의 서체는, 예를 들어 'Soul Mission'과 같은 글씨에는 부적절하고 방해가 될 것이다. 시각적 흐름을 유지하기 위해서는 문장의 어조를 주의하면서 적절한 서체를 고르기 바란다.[66]

글자의 배치 또한 흐름을 유지하는데 결정적이다. 이미지 앞에 글자를 넣는 것은 그것을 알아보고 읽기 어렵게 만들 수 있다. 오히려 글씨는 그래픽에서 비어있는 공간에 두는 것이 가장 잘 보인다. 더불어 '글자에 그림자를 넣는 것(drop Shadow)'은 배경 색과 글씨를 구별하는 데 유용할 수 있다. 일반적으로 각각의 슬라이드마다 글자를 2줄에서 4줄만 넣기 바란다. 5줄 이상이 슬라이드에 등장하는 순간, 번잡스러울 뿐더러 예배자들이 집중하기 어려울 수 있다. 또한 보다 긴 글자를 더 짧은 부분들로 나누어야 할 때, 단어 한 개가 밀려서 홀로 밑에 줄에 두거나, 다음 슬라이드로 넘어가는 것은 미적으로 보기 좋지 않으므로 피해야 한다.[67] 영상 담당자들이 이러한 과정을 밟아서 효과적인 레이아웃을 성취했을 때, 예배자들은 화면에 있는 글자를 알아보고 따르는 데에 문제가 없을 것이다.

영상 담당자들이 적절한 서체와 배치를 정했을 때, 그들은 모든 회중들이 볼 수 있는 글꼴의 크기를 고려해야 한다. 그러지 않으면 회중들이 예배에 참여하는 데 큰 걸림돌이 될 수 있다. 대체로 디스플레이 글자는 최소 30포인트가 되어야 한다. 물론 서체는 각각 독특한 형태이어서 더 잘 알아보기 위해서는 크기를 늘려야 될 수도 있다. 더불어 각각의 예배의 공간은 서로 다른 건축과 그에 따르는 시각적 요구사항이 있을 수 있다. 어떤 성전들은 비교적으로 더 길고, 적당한 사이즈의 스크린을 걸 수 있는 면적이 부족한 성전들도 많다.[68] 가장 쉬운 방법은 제일 안 좋은 자리에서 글자의 크기를 알아볼 수 있는지 점검하는 것이다. 회중들과 하나님의 대화가 이 글자를 읽는 것에 달려 있다는 점을 감안하면, 영상 담당자들은 이러한 결정들을 내릴 때 매우 유의해야한다.

색상과 흐름

색상을 고를 때 영상 담당자들은 색채의 상징성, 색상의 조화 그리고 예전적인 색상을 주의해야 한다. 색채 상징성은 특정한 문화적인 상황 안에서 어떤 특정 색상이 어떤 독립체, 속성 또는 감정과 연관되는지를 일컫는다. 이러한 연관성의 범위는 꽤 넓지만, 그 중에서 보편적인 것들이 많다. 북미에서는 빨강은 사랑, 화, 불, 또는 강렬함을 주로 상징한다. 한편 파랑은 차가움, 안정, 또는 우울함을 나타낼 수 있다. 노랑은 주로 빛, 따뜻함, 기쁨, 그리고 또한 비겁함과 두려움과도 연관된다. 이러한 상징의 연관성은 문화와 특정한 사람에 따라 달라질 수 있지만, 영상 담당자들은 각 색상의 가능한 효과들의 범위를 염두에 두어야 한다.

구체적으로 말하자면, 영상 담당자들은 각각의 색상의 효과를 알아야하고 그것이 예배의 의도된 감정적 어조에 맞게 해야 한다. 색채 상징성이 적당하지 않으면 예배의 흐름을 쉽게 방해할 수 있다. 예를 들어 어두운 파랑색은 밝은 노랑색과 동일하게 예배의 분위기를 잡아주지 않을 것이다. 더불어 각각의 예배에서의 특정한 예전적 행위들은 특정한 감정적 어조와 연관되어 있을 것이다. 예를 들어 밝은 노랑색의 이미지를 죄를 고백하는 시간에 화면에 띄우면, 참회하는 예전적 행위에 흐름을 깰 것이다. 반대로 같은 색상은 낙관적인 곡 또는 평화의 인사 도중에는 완벽하게 맞을 수 있다. 물론 색채 상징성은 정확한 과학보다는 예술과 가깝다. 그럼에도 불구하고 시각적 흐름이 자리 잡기 위해서는, 영상 담당자들이 색상을 선택하기 전에 예배 전체와 각각의 예전적 행위의 감정적 어조를 알아봐야 한다.[69]

색채 상징성을 알아보는 것과 더불어, 영상 담당자들은 그들의 다양한 이미지와 글자들의 조합에서 색상의 조화를 이뤄야 한다. 색상의 조화는 시각적으로 보기 좋은 방법으로 색상을 묶는 방법이다. 색의 조화를 이루는 것은 사람들이 이미지에 주목하고 미적으로 보기 좋게 도와준다. 한편 조화가 되지 않으면 단 하나의 색으로 예배자들을 지루하게 하거나, 또는 부조리한 색 배합으로 인해 불쾌하게 할 것이다. 이 두 가능성은 모두 예배에서 시각적인 흐름을 잡지 못한다. 전자는 회중들이 이미지 또는 글자에 사로잡히지 못하게 하고, 후자는 주어진 예전적 행위에 방해가 된다. 반면에 색의 조화는 자신에게 주의를 돌리지 않고 회중들이 이미지 또는 글자에 사로잡히게 한다.

색의 조화를 이루는 데에 가장 유용한 도구는 RYB (빨강, 노랑, 파랑) 색상환이다.[70]

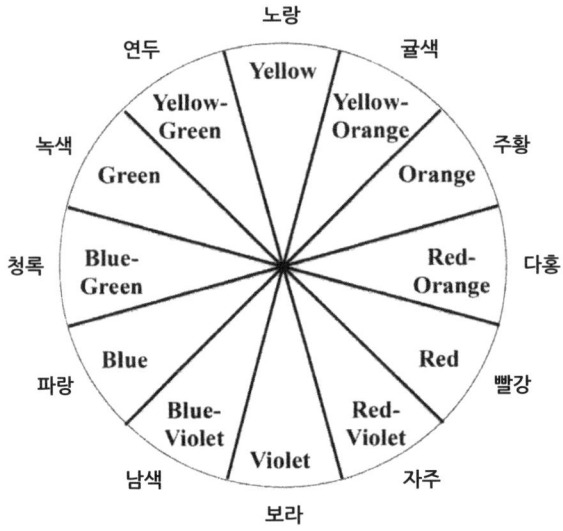

이 색상환은 빨강, 노랑, 그리고 파랑, 삼원색으로 구성되어있다. 원색의 사이에는 두 원색이 균등하게 섞인 등화색이 있다. 빨강과 파랑 사이에는 보라, 파랑과 노랑 사이에는 초록, 빨강과 노랑 사이에는 주황. 각각의 원색과 등화색 사이에는 삼차색이 있다. 최대의

채도 원색을 절반의 채도 원색과 섞었을 때 일어나는 것이다. 예를 들어, 적황색은 노랑보다 빨강 색의 채도가 더 높다. 또한 색상환은 따뜻한 색상인 노랑에서부터 적보라색까지, 시원한 색상인 보라에서부터 연두색까지 균등하게 나눈다. 따뜻한 색상이 활기찬 인상을 준다면, 시원한 색상은 더 차분하고 안정되는 느낌을 준다. 모두 합쳐져, 색상환은 다양한 색상들 사이의 관계를 보여준다.

  색상들 사이의 관계를 이해하는 것은 영상 담당자들이 그들의 프레젠테이션 안에서 조화로운 색채 조합을 이루게 할 것이다.[71] 첫째, 단색의 색채 조합은 단 하나의 기본색을 사용하지만, 그것에 검정을 더해 기본색의 다양한 음영과 회색을 더한 톤과 흰색을 더한 색조와 함께 짝을 이루어야한다. 기본색의 변형들 덕분에 완전히 칙칙하지 않으면서도, 색조적인 차이가 없기 때문에 예배에서 안정감을 주는데 효과적일 것이다. 둘째, 보색의 색채 조합은 초록과 빨강과 같이, 색상환에서 서로 마주 보는 두 색상이 짝을 이룬다. 색상들 사이에 강한 대조는 색상들을 부각시키고 "튀게" 만들어, 중요한 이미지 또는 짧은 표현들을 강조할 때 이상적이다.

  두 정반대의 색상들 사이에는 다양한 강도의 대조를 담은 많은 조합들이 존재한다. 셋째, 분할-보완의 색채 조합들은 기본색에 보색 양쪽에 있는 색상들과 섞는다, 예를 들면 초록과 적황색, 적보라색의 조합과 같다. 이 조합은 이미지를 강조할 수 있는 색의 차이가 충분하지만, 이 색상들은 보색들에 비해 약한 색 차이를 이룬다. 넷째, 유사색의 조합들은 색상환표에서 서로 붙어있는 3개의 색상으로 구성된다, 예를 들어 청록색, 녹색, 그리고 연두색과 같다. 이러한 조합들에서는 대체로 원색 또는 등화색인 한 색상이 대체로 삼차색인 다른 두 색상의 포인트가 될 수 있다. 또한 유사색은 모두 따뜻한 색상 또는 시원한 색상으로 해서 조화를 유지해야 한다. 이 색들은 단색의 조합들보다 색 차이가 많지만 보색에 비하면 적다. 다섯째, 3색 색채 조합은 색상환에 일정한 간격을 둔, 삼각형을 형성하는 세 개의 색상을 섞는다, 예를 들어 녹색, 주황색, 그리고 보라색이다 여기서도 한 색상이 압도적이고 다른 두 색상은 포인트가 될 것이다. 3색 조합들은 유사색보다는 색 차이가 많지만 보색의 조합에 비해 적다. 영상 담당자들은 이 모든 조합들을 기억해 각각의 예배에서 조화를 이루고 매주 다양한 조합들을 만들어야 한다.

예전적인 달력을 따르는 전통에서, 영상 담당자들은 각각의 절기와 결부되어 있는 예전의 색상들도 고려해야 한다. 확실한 것은 주어진 절기의 색상들로 국한할 필요는 없다. 많은 경우에는, 절기에 맞는 예전의 색상을 그것과 색의 조화를 이룰 적절한 색상들과 함께 강조할 수 있다. 예를 들어, 성령 강림 주일은 빨강을 활용하고 그의 유사색인 적보라색과 적황색으로 포인트를 줄 수 있다. 하지만, 이러한 창의적 유연성에도 불구하고, 예전적인 절기를 어느 정도 설명해주지 않으면 예배자들이 예배에 완전히 몰입하는 것을 방해하고 가로막을 수 있다. 적어도 예전적인 절기와 완전히 어긋나는 색상을 선택하지 않아야 한다, 예를 들어 부활절에 검정색을 과도하게 사용하는 것과 같이 말이다.

영상과 흐름

예배에 영상을 넣을 때, 영상 담당자들은 영상의 목적, 질, 그리고 길이를 염두에 두어야 한다. 모든 비디오는 전체 예배 예식 안에서 더 큰 목적에 부합해야 한다. 더 직설적으로 말하면, 오락과 문화적 관련성은 예배에서 영상을 포함해야 하는 충분한 이유가 될 수 없다. 이러한 경우에 영상은 예배에 방해가 될 뿐이다. 오히려 영상은 예배의 목적을 성취하고 예배가 앞으로 나아가는데 도와야 한다. 유용한 예를 들자면 교회 소식과 같이 필요한 정보를 전달하는 것이나 사전에 녹화된 기도와 같이 예전적인 행위를 실행하는 것, 또는 주제에 적절한 영상과 같이 예배의 주제를 더 깊게 다루는 것이다. 영상은 예배에서 부족했던 점을 보충할 수 있어야 한다. 영상 담당자가 오락 또는 문화적 관련성 외에 영상이 예배에 어떻게 기여하는지 설명할 수 없다면, 그것은 방해가 되고 예배에 속하지 않는다.

영상의 더 큰 목적을 알아보는 것과 함께, 영상 담당자들은 예배에서 그것을 보여주기 전에 각 영상의 질을 고려해야 한다. 물론 전문적으로 제작된 영상들과 짧은 영화 파일들은 저절로 질이 높을 것이다. 하지만 교회들이 자신의 영상을 제작하면, 다양한 품질의 영상이 있을 수 있다. 확실한 것은 교회가 자신의 영상을 제작하는 매우 의미 있고 신학적으로도 풍부한 이유들이 있을 것이다.[72] 반면에 개인 제작은 낮은 품질의 핑계가 될 수 없다. 영상은 안 좋은 음질, 불충분한 조명, 그리고 어설픈 편집은 영상의 목적을 방해하거나 아예 이해할 수 없게 만들 수 있다. 시각적인 흐름을 위해 어설

프게 제작된 영상보다 아예 영상이 없는 게 낫다.

　다행히도 영상 담당자들이 시각적 흐름을 돕기 위해 전문적인 영상 편집 디자이너가 될 필요는 없다. 대체로 디테일에 집중하는 것만으로도 알찬 영상을 만들 수 있다. 얼굴과 물건을 알아볼 수 있는 조명이 들어갔는가? 대화가 잘 들리는가? 아니면 소리가 희미하거나 잡음으로 가려졌는가? 당신이 영상에 음악을 넣었을 때, 그것이 영상의 내용과 맞는가? 영상의 장면들이 매끄럽게 흐르는지, 또는 투박한 방식으로 연결되어 통일성을 흐트러뜨리는가? 이러한 질문들과 기본적인 편집 기술들은 영상 담당자들이 작업을 진행하면서 예배 흐름을 방해하는 영상의 치명적인 결점이 없도록 만들 수 있다.[73]

　목적에 잘 만들어진 고품질의 영상이라 할지라도 영상 담당자가 영상의 길이를 주의하지 않으면 해가 될 수 있다. 대부분의 예배자들은 언젠가 필요이상으로 긴 영상을 경험했을 것이다. 그러한 경우, 영상은 관객의 관심을 잃고, 흐름을 방해하며, 예배에 집중할 수 없게 만든다. 절대로 영상이 필요 이상으로 길지 않게 하라. 일반적으로 영상의 길이는 그것의 목적에 달려있다. 예를 들어, 교회 소식들은 60초에서 90초 사이가 좋다. 사전에 녹음된 기도와, 간증, 그리고 성경 봉독들은 2분 정도 될 수 있다. 설교에 등장하는 영상 클립은 보통 3분을 넘어서는 안 된다. 상황에 따라 이러한 지침이 달라질 수는 있지만, 영상마다 어느 시점에 너무 길어지는지에 대한 감각이 있어야 한다.[74]

전환과 흐름

시각적 흐름은 적절한 이미지, 서체, 색상, 그리고 비디오만 포함하지 않는다. 순서의 전환 사이에 일어나는 움직임도 다룬다. 효과적인 전환을 실행하기 위해서는 기술과 타이밍이 필요하다. 영상 담당자들은 진행되고 있는 예전적인 행위에서 주의를 떨어뜨리는 전환의 기술을 사용하면 안 된다. 화면이 도는 전환 효과인 플립(flips) 또는 파동이 치는 전환 효과인 리플(ripples)과 같은 상당한 움직임이 있는 전환들은 예배자들을 방해하는 경향이 있다. 반면에 컷(cuts) 또는 다른 갑작스러운 전환들은 예배자들을 당황하게 만들 수 있다, 특히 두 이미지 또는 색상의 대조가 현저한 경우에. 일반적으로 가장 좋은 전환들은 눈치 챌 수 없이 지나간다. 화면이 투명해지는 전환 효과인 디졸브(dissolves)와 같은 은밀한 전환들은 더 매끄러운 전환을 이룰 수 있다. 더욱더 일치된 흐름을 위해서, 영상 담당자들은 디졸브 효과의 속도를 곡의 속도에 맞출 수 있다. 빠른 경우 0.3초, 중간 속도의 경우 0.5초, 느린 경우 0.7초다.[75] 효과적으로 실행되면, 시선이 글자와 이미지에 유지되기 때문에, 예배에 더 집중할 수 있도록 도와준다.

전환의 타이밍은 예배의 흐름에 결정적이다. 노래 가사를 불러야 할 때 가사가 띄워지지 않거나, 설교에서 사용되는 그래픽이 너무 일찍 띄워지는 것만큼 예배를 빠르게 방해하는 것은 없다. 영상 담당자들이 각각의 예배 순서 도중에 언제 전환이 가장 잘 일어나는지를 알고 있으면 이러한 작은 사고들을 피할 수 있다. 예를 들어 노래 또는 기도에서 예배자들이 화면에 있는 가사를 보면서 찬양을 하거나 기도를 해야 한다면, 회중들이 슬라이드에 있는 마지막 단어를 말하거나 노래 부르는 동시에 다음 슬라이드로 넘어가야 한다. 노래 도중에 정지 또는 반주 구간을 등장시킬 때도 동일하다. 곡의 다른 부분에서도 사용되는 배경만 담은 슬라이드로 빨리 넘어가는 것이 좋다. 이렇게 하면 회중들이 노래를 부르지 않아야 되는 것을 명확하게 해서 혼란을 줄일 수 있다. 반대로 설교 슬라이드는 설교자가 슬라이드의 담긴 아이디어를 소개하려는 즉시 등장하는 것이 보다 효과적이다, 말을 시각적으로 강화하는 것이다. 설교자를 앞서가는 것은 설교자의 말에 주의를 떨어뜨리고, 회중들이 그래픽의 요점을 놓치게 할 수 있다. 또한 전환은 설교자가 "다음 슬라이드로 넘어가주세요"라는 말을 하지 않고 진행되어야 한다, 전환에 불필요한 주목을 하기 때문이다. 시의 적절한 방식으로 전환을 하면 방해되지 않은 시각적 흐름을 유지하고 예배에서 회중들의 참여를 극대화시킬 수 있다.

　물론, 아무리 신중하게 디자인되고 능숙하게 실행된 프레젠테이션에서도 실수가 발생하거나 타이밍을 놓치는 사건들이 언젠가는 있을 것이다. 예배 인도자가 뜻밖에 지나간 후렴으로 다시 돌아올 수 있다. 설교자가 설교의 한 부분을 갑자기 건너뛸 수 있다. 결정적인 슬라이드가 갑자기 사라질 수도 있다. 이 모든 사건들은 영상 담당자들을 당황하게 할 것이다. 이러한 사건들은 피할 수 없지만, 우리가 그것에 대처하는 방법이 이러한 실수들이 예배의 흐름을 방해하는 것을 최소화시킬 수 있다. 화면에서 여러 슬라이드를 넘기면서 회중들을 방해하는 것보다, 정지형 기본 슬라이드를 준비해놓는 것이 낫다. 예배에서 대표 이미지가 있으면, 영상 담당자들은 문제가 해결될 깨까지 이것을 띄울 수 있다. 없는 경우에는 서서히 검정색으로 변하게 하는 것도 시각적 방해를 줄일 수 있다. 더불어 원래 다른 용도로 디자인된 파워포인트(Powerpoint)와 같은 소프트웨어들보다 예배를 위해 특별히 디자인된 프로프리젠터(ProPresenter), 미디어샤우트(MediaShout), 이지워십(EasyWorship)과 같은 프레젠테이션 소프트웨어들을 사용하는 것이 정확한 슬라이드를 더 빨리 그리고 쉽게 찾도록 도와줄 것이다.

기준과 흐름

주어진 예배에 적절한 요소들을 정한 후에는, 이러한 요소들을 예배 전체에서 유지하는 것이 중요하다. 많은 예배자들은 갑작스런 스타일의 변화가 불편할 수 있다. 적어도 시각적으로 보기 안 좋고, 최악에 경우에는 매우 산만하게 보일 것이다. 무어와 윌슨은 이 방해를 방지하기 위해 영상 담당자들이 "디자인의 기준"을 매주 시행해야 된다고 했다.[76] 이 기준은 스타일에 대한 매뉴얼로, 영상 담당자들이 프레젠테이션에서 지속적으로 적용해서 미적인 통일성을 형성하는 것이다. 구체적으로 영상 담당자들은 본문 서체, 디스플레이 서체, 색채 조합, 글꼴 크기에 대한 기록을 프레젠테이션마다 하는 것이다. 그리고 나서 예배에서 이 기준을 최대한 잘 따르는 것이다.

이 기준은 예배 전체에 통일된 느낌을 줄 것이다. 일반적으로 반복되는 슬라이드는 특정한 프레젠테이션에서 등장할 때마다 동일한 포맷을 따라야 한다. 예를 들어 한 예배에서의 성시 교독은 같은 배경과, 서체, 그리고 글꼴 크기를 사용해서 같은 포맷을 따르는 것이 좋다. 변화가 있어도, 어느 정도의 통일성은 유지되어야 한다. 예를 들어, 예배의 색채 조합이 청색과 주황색이라면, 영상 담당자는 탄원 기도 동안에 청색 배경에 주황색 포인트를 넣고, 그 이후에 축가를 부를 때는 주황색 배경에 청색 포인트를 넣어서 사용할 수 있다. 이 변화는 색상과 예전적 행위의 감정적 어조가 일치되게 하면서도, 통일되는 색상이 존재한다. 물론 영상 담당자가 의도적으로 기존 양식에서 완전히 벗어나는 경우도 있을 것이다. 다시 말하지만 시각적인 예배 영상 디자인은 정확한 과학보다는 예술과 가깝다. 하지만 영상 담당자들이 기준을 염두에 두는 것은 회중들을 불편하게 하지 않는 통일된 프레젠테이션을 형성하는데 도움을 줄 것이다.

신실함과 흐름

프레젠테이션 기술은 신실한 예배에 필수적이지 않다. 하지만 그것을 이용하는 회중들에게는, 시각적 흐름이 자리 잡고 유지하는 것이 이러한 기술을 신실하게 사용하는 것이다. 살아계신 하나님은 예배에 존재하시고 일하고 계신다. 영상 담당자가 내리는 모든 결정은 하나님께 주의를 돌리거나 이러한 인식을 떨어뜨릴 수 있다. 모든 영상 슬라이드는 이 이야기를 전달하는 데에 참여하고, 회중들에게 하나님이 그들 가운데서 존재하심을 일깨워준다. 그러므로 서체 선택과 전환의 기술들과 같은 지루한 디테일마저 엄청난 신학적인 중요성을 갖게 된다. 예배에서 가장 중요한 것은 영상 담당자들이 고도의 탁월함을 갖고자 노력하는 것이다. 다시 말하면 예배는 시각적 흐름을 요구한다.

제 8 장

축복의 흐름: 중요한 지침

현대적인 예배를 고대의 방식으로 추구하는 주요 지침을 아래에서 볼 수 있다. 다른 이들에게 받은 영감을 따라,77 우리는 이것을 축복 선언의 형태로 표현했다. 예배의 대한 지혜를 축복 선언의 형태로 표현하는 것은 과도하게 엄격한 목록 또는 규범을 따르지 않고, 예배에 대한 전반적인 기준을 말하는 방법이다. 우리의 축복 선언은 이 책의 순서를 일반적으로 따른다.

- 좋은 흐름이 현대 예배의 본질에 결정적인 부분인 것을 인정하는 예배 준비자들과 인도자들은 복과 지혜가 있다.
- 스타일과 관련된 표면적인 예배의 방식을 넘어서야 하는 것을 깨닫고, 예배의 행위에서 무엇이 실제로 일어나는지를 점검하

려는 자는 복과 지혜가 있다.
- 고대 교회에 최신 스타일의 "전통적인 예배" 요소들을 중첩시키지 않는 자는 복과 지혜가 있다.
- 동시에 한 가지 이상의 일이 진행될 수 있는 것을 깨닫는 예배 준비자들과 인도자들은 복과 지혜가 있다.
- 예배 순서가 해야 할 것에 대한 체크리스트가 아닌 하나님과의 만남에 대한 이야기의 전개로 보는 목회자들과 예배 준비자들은 복이 있다.
- 예배 순서에 개별적인 항목들을 "그냥" 넣지 않고 각각 무엇을 하고 어떤 순서를 따라야 하는지에 대해 생각하는 예배 준비자들은 복과 지혜가 있다.
- 각각의 예배 행위가 예배 시점에 적절한지에 대해 평가하는 예배 준비자들은 복과 지혜가 있다.
- 예배를 인도할 때 단순히 빠른 곡과 느린 곡의 배열이 아닌, 오히려 예전적인 능력으로 진행하는 음악가들은 복과 지혜가 있다.
- 어떻게 시작하고, 끝나고, 곡들 사이에 전환을 할지에 대한 확실한 준비를 하는 음악 팀이 있는 교회는 복과 지혜가 있다.
- 확장된 곡에서 키 전환을 잘해서 흐름을 방해하지 않는 음악가들은 복과 지혜가 있다.
- 회중을 이끌며 찬양을 불러야 할 때 눈보다 귀로 인도해야 하는 것을 깨닫는 예배 음악 인도자는 복과 지혜가 있다.

- 현대 예배가 회중들을 더 깊게 집중할 수 있게 하고 창의적인 기회들을 제공한다고 생각하는 음악 인도자가 있는 교회는 복과 지혜가 있다.
- 4중 구조의 예배에 예배자들을 참여시키는 음악이 존재하는 교회는 복과 지혜가 있다.
- 하나님의 과거, 현재, 미래의 구원의 일을 선포하는 설교자는 복과 지혜가 있다.
- 예배 요소들 사이에서 전환할 때 이전에 일어난 것과 다가올 것을 연결시키는 예배 인도자는 복과 지혜가 있다.
- 하나님이 행하신 일들을 되돌아보는 기도를 드리는 예배 인도자는 복과 지혜가 있다.
- 설교자가 마이크를 사용하는 시간을 허비하지 않도록 마이크를 지혜롭게 준비하는 회중들은 복과 지혜가 있다.
- 하나님 앞에 진실하게 똑같이 말하고 행동하는 예배 인도자들은 복과 지혜가 있다.
- 예배의 주제를 더 발전시키기 위해 이미지와 비디오를 사용하는 영상 담당자는 복과 지혜가 있다.
- 예전적인 행위들의 감정적 어조와 일치되는 서체와 색상을 선택하는 영상 담당자는 복과 지혜가 있다.
- 슬라이드를 최상의 시간에 매끄럽게 전환하는 영상 담당자는 복과 지혜가 있다.
- 예배 전체에서 스타일의 연속성을 유지하는 영상 담당자는 복

과 지혜가 있다.
- 예배 준비와 예배 인도의 순간에 성령님의 이끌림에 민감한 자는 복과 지혜가 있다.

제 9 장

현대 예배 연구에 도움이 되는 자료들

아래는 현대 예배를 연구하는 데 도움이 되는 자료 목록이다. 이 책의 여러 장에서 이 자료들의 많은 부분을 언급했다. 각 항목의 자료에 대한 간략한 설명을 통해 고대 방식으로 현대 예배를 수행하는 데 어떻게 기여할 수 있는지 이해할 수 있다.

예배 디자인

• 콘스탄스 M 체리(Cherry, Constance M). 예배 건축가: 문화에 적절하고 성경에 충실한 예배 디자인 청사진(The Worship Architect: A Blueprint for Culturally Relevant and Biblically Faithful Services). Grand Rapids: Baker Academic, 2010.

이 책에서 체리는 처음부터 끝까지 하나님을 영화롭게 하는 전체적인 예배의 구조에 대해 이야기한다. 그녀는 고대의 네 가지 예배, 즉 모임, 말씀, 성찬, 파송의 흐름을 고수함으로써 예배의 중요한 구성 요소를 통해 예배 준비를 할 수 있게 한다.

• 마르시아 맥피(McFee, Marcia). 영화 제작자처럼 생각하라: 기억에 남을 말씀을 위한 감각적으로 풍부한 예배 디자인(Think Like a Filmmaker: Sensory-Rich Worship Design for Unforgettable Messages). Truckee: Trokay Press, 2016.

영화에서 힌트를 얻은 이 책은 영화의 렌즈와 언어를 통해 예배를 발전시키는 방법을 찾는다. 그녀는 영화를 만드는 여러 과정들, 즉 배우의 행위와 음악, 이미지와 내용들이 하나가 되어 가는 것이 예배와 같다고 말하면서 전체적인 흐름을 중요하게 생각한다. 또한 맥피는 지역 목회자들에게 영화와 같이 매끄럽고, 시각적으로 호소력이 있으며, 일어난 일을 회중들이 기억하게 하는 예배를 알려준다.

• 론 리엔스트라(Rienstra, Ron). Ten Service Plans for Contemporary Worship. Grand Rapids: Faith Alive Christian Resources, 2002.

이 책은 오랫동안 절판되어 중고책 시장에서도 찾기 어렵지만 사본을 찾을 수 있다면 행운이다. 예배 기획에 관한 책으로 많은 실제 예들을 통해 성공적인 현대 예배 준비를 잘 할 수 있도록 돕는다.

음악적 요소

• 폴 발로쉬(Baloche, Paul). 예배 인도: 흐름 만들기(Leading

Worship: Creating Flow). Modern Worship Series Instructional DVD. Lindale: leadworship.com, 2003.

이 DVD는 현대적인 환경에서 예배를 인도하기위한 실용적이고 이론적인 틀을 모두 다룬다. 찬양 중 멘트에 대한 도움부터 예배 음악가들에게 잘 연주하는 방법을 가르치는 것까지 예배를 인도하는 데 도움이 되는 훌륭한 자료들을 제공한다. 그는 주님께 연주되는 음악이 예배의 기초라고 말한다.

• 콘스탄스 M. 체리(Cherry, Constance M). 음악 건축가: 노래에서 예배자들을 참여시키기 위한 청사진(The Music Architect: Blueprints for Engaging Worshipers in Song). Grand Rapids: Baker Academic, 2016

'예배 건축가(The Worship Architect)'와 마찬가지로 '음악 건축가(The Music Architect)'는 예배 인도자가 되기 위한 학생들을 위해 고안된 대학 수준의 교과서다. '예배 건축가(The Worship Architect)'는 더 넓은 범위의 예배 기획을 목표로 하는 반면, '음악 건축가(The Music Architect)'는 예배를 위한 음악 기획을 위해 설계되었다. 그녀는 교회가 무엇을 노래하는지 평가하고 더 다양한 노래를 예배에 통합하기위한 확실한 지침을 제공한다.

• 욘 니콜(Nicol, Jon). Worship Flow: 28 Ways to Create Great Segues. Flingwide Publishing, 2016.

이 책은 예배를 부드럽게 연결하는 방법에 주된 관심이 있는 책으로 노래 사이를 전환하는 방법뿐만 아니라 음악적이지 않은 부분의 매끄러운 흐름에도 관심이 있다.

• 그렉 쉬어(Scheer, Greg). The Art of Worship: A Musician's Guide to Leading Modern Worship. Grand Rapids: Baker Books, 2006.

이 책은 현대 예배 음악을 이끌기 위한 매우 실용적이지만 신학적으로도 유용한 안내서다. 다양한 유형의 교회 음악가에게 도움을 주며, 현대 예배에서 음악 제작과 관련된 중요하지만 종종 무시되는 많은 문제를 다룬다. 그는 음악 팀을 구성하고, 좋은 노래 목록을 만들고, 리허설을 이끌고, 궁극적으로 음악을 만드는 방법을 비롯한 모든 것을 안내한다.

• www.umcdiscipleship.org/articles/ccli-top-100.

'United Methodist Discipleship Ministries(연합감리교회 제자사역)'의 대규모 온라인 사이트의 일부인 이 웹 사이트는 상위 100개의 CCLI 노래에 대한 최신 내용을 제공한다. 신학자, 목회자 및 음악가로 구성된 팀이 함께 협력하여 최고의 노래를 신학적, 서정적, 음악적으로 평가하고 가장 강하다고 생각하는 노래(녹색 목록)와 더 신중한 노래(노란색 목록)를 알려준다.

음성 요소들

• 제프 바커(Barker, Jeff). 스토리텔링 교회: 예배에서 이야기의 역할을 되찾는 모험(The Storytelling Church: Adventures in Reclaiming the Role of Story in Worship). Cleveland: Webber

Institute Books, 2011.

이 책은 이야기와 예배의 교차점을 탐구한다. 유투브에서 노스 웨스턴 대학(Northwestern College)의 사역과 '로버트 웨버 예배 대학원(The Robert E. Webber Institute for Worship Studies, http://www.iws.edu)'의 영상을 확인할 수 있으며, http://home.nwciowa.edu/barkerplays/에서도 그의 자료를 볼 수 있다.

• 조셉 M. 웹(Webb, Joseph M). 현대 예배를 위한 설교 (Preaching for the Contemporary Service). Nashville: Abingdon Press, 2006.

저자는 현대 예배에서 설교한다는 것은 찬양을 인도하는 집중력과 같은 높은 수준을 유지한다고 주장한다. 이 책을 통해 최선을 다하는 설교자는 이야기를 하는 사람이며, 성경 말씀이 즉흥적으로 준비되고 제시될 때, 즉 설교자가 회중과의 상호 작용으로 사람들은 하나님의 이야기에서 자신의 위치를 더 잘 찾을 수 있다고 말한다.

시각적 요소들

• 제이슨 무어와 렌 윌슨(Moore, Jason, and Wilson, Len). 디자인의 중요성: 예배를 위해 강력한 심상을 만들기(Design Matters: Creating Powerful Imagery for Worship. Nashville: Abingdon Press, 2006.

이 책은 예배에서 그래픽의 중요성을 비롯해 만드는 방법을 보여준다. 단순한 글자에서 벗어나는 문화적 변화를 설명하고 교회가 이미지를 생각하도록 알려주며, 은유, 참조, 구성, 처리, 질감, 색상, 빛과 그림자 및 글꼴과 같은 디자인 원칙을 설명한다. 전체적으로 이 책은 예배를 위한 효과적인 그래픽을 디자인하기위한 가장 상세한 자료다.

- 스테픈 프록터(Proctor, Stephen). 비추어라: 시각적 예배를 인도하기(Illuminate: Leading Visual Worship). https://illuminate.us/books

저자는 현대 예배에서 가장 인상 깊은 미디어 실천가 중 한 명이며, 이 책은 예배의 시각적 내용을 다룬 교육용 안내서다. 이 책과 그의 웹 사이트에서 저자는 예배를 돕기 위한 실제적인 면과 미적인 측면에서 높은 수준의 미디어에 대한 내용이다.

- 퀘엔틴 J. 슐츠(Schultze, Quentin J). 하이테크 예배란?: 프레젠테이션을 기술적으로 현명하게 사용하기(High-Tech Worship?: Using Presentational Technologies Wisely). Grand Rapids: Baker Books, 2004.

저자는 예배에서의 표현 기술은 예전적인 목적에 부합해야하며 그 자체로는 목적이 될 수 없다고 주장한다. 그는 예배에 기술을 포함시키는 다양한 이유를 평가하고, 기술을 통합하는 시기와 방법을 고려해야 할 여러 기준을 설명한다. 또한 이 기술의 사용을 결정할 때 교회가 직면하게 될 딜레마에 대한 실제적인 안내를 한다. 이 책은 신학적 깊이와 실용적인 지혜를 가진 자료를 찾는 모든 사람에게 특히 도움이 될 것이다.

• 렌 윌슨(Wilson, Len)와 제이슨 무어(Moore, Jason). 접속된 교회 2.0(The Wired Church 2.0). Nashville: Abingdon Press, 2008.

저자는 이 책을 통해 예배에 멀티미디어를 통합하기위한 전체적인 안내를 한다. 디지털 미디어의 필요성을 교회가 복음을 효과적으로 나누기 위해 배워야하는 문화적 언어이기 때문이라 말한다. 이를 위해 그는 그래픽 디자인, 비디오 제작, 미디어 팀 구성 및 기술 활용 방법에 대한 자세한 설명을 제공한다. 또한 그래픽 이미지와 비디오를 서비스에 통합하는 21가지 방법을 나열한다.

현대 예배의 역사

• 스위 홍 림(Lim, Swee Hong)과 레스터 루스(Lester Ruth). Lovin' On Jesus: A Concise History of Contemporary Worship. Nashville: Abingdon Press, 2017.

이 책은 부제의 내용대로 현대 예배의 다양한 예전의 주제, 시간, 공간, 말씀, 기도 등으로 구성된 짧은 역사다. 현대 예배가 어디에서 왔으며 지난 반세기 동안 어떻게 발전했는지에 대해 더 잘 알고 싶다면 이 책이 유용하다.

부록

부록 A

요한복음 2:1-11을 중심으로 한 예배 예시

데비 윙 Debbie Wong

일반적인 서론

지역 회중들의 일반적인 틀에서 벗어난 이와 같은 책에서의 예배 예시는, 예배 디자인이 특정 원칙을 단순하게 적용하는 중립적이면서 객관적이라는 잘못된 생각을 심어줄 수도 있다. 이 책 전체에 설명된 원리들은 중요하지만, 이들은 주어진 틀 안에 적용이 되며 그 틀은 반드시 고려되어야 한다. 우리가 누구이며 어떻게 형성되었는지는 우리가 예배를 디자인하고 기획하는 데 영향을 준다. 마찬가지로 우리 회중들이 누구인지도 그 디자인에 반영되어야 한다. 그러한 관점에서, 다음에 나오는 예배 예시는 우리가 그동안 이야기해왔던 예배의 예시 정도로만 다루어져야 한다. 이는 즉흥성을 강조하고, 시간의 자율성도 있고, 특히 좋은 흐름이 있는 현대 예배 스타일의 교파 예배 책(예를 들어 연합 감리교의 "예배 책") 등에 나오는 정형화된 예배를 말한다. 스크립트나 정해져있는 템플릿의 사용을 의도하는 것은 아니다. 말하는 내용에 대해 글로 쓰인 각본이 있을 지라도, 그것은 즉흥적으로 말하는 것처럼 보여야 한다는 것이다. 이는 말하는 행위가 흐름을 잘 만들어 냈을 때 어떤 식으로 들릴지 알 수 있게 해주는 것이다. 이어지는 의견들은 예시에 주목할 만한 것이 무엇인지를 강조하기 위해 쓰였다.

비슷한 맥락에서, 이 예배는 수많은 방식으로 짜였을 수 있었다. 찬양의 선택은, 예배의 주제나 노래로 부를 수 있는 능력, 회중들에 대한 친숙함 등에 대한 그들의 연관성을 보면, 전체 내용에 매우 적합하다는 것을 알 수 있다. 이 찬양들 중 그 어떤 곡이라도 다른 곡으로 선택되어졌을 수 있는 것이며, 곡의 선택이 제약되어서는 안된다. 중요한 것은 이 찬양들을 예배의 더 큰 말씀과 해당 복음 이야기에 짜 넣는 것이다. (이 찬양에 대한 자세한 내용은 아래 참조). 마찬가지로, 이 예배 예시는 예배를 짜는 데 있어서 모든 가능한 것들을 이미 다 써버린 것처럼 보여서도 안된다. 이를테면, 더 많은 느낌들을 실을 수 있는 다른 방법들도 시도할 만한 여지가 충분히 많이 남아 있어야한다. 이 예배의 목적은 예배를 비교적 단순하게 유지하는 것이었다. 그와 동시에 예배 기획자들과 인도자들이 전통적인 예배와 비교했을 때 현대 예배에서는 말씀과, 찬송 및 최소한의 기술을 어떻게 다르게 사용하는 지에 중점을 두는 것이다. 예배에 대한 진실성은 예배의 방식을 모방하는 것에서가 아니라 우리가 예배에서 하는 것이 중요하다는 확신을 갖는 것에서 가장 잘 드러난다는 것을 기억하는 것이 좋다.

이 예배 예시를 위해, 나는 5인조 즉, 기타, 베이스, 키보드, 드럼, 보컬의 밴드를 맡았는데, 예배 인도자는 찬양을 인도할 뿐 아니라 설교 이전까지의 모든 말로 하는 순서들을 인도했다. 예배는 4열로 만들어진 표에 소개가 되었으며, 1-3열에는 예배 중에 나오는 행위들 즉, 찬양, 이야기, 미디어에 대한 설명을 그리고 4열에는 그러한 행위들에 대한 참고가 되는 "비고"가 적혀 있다. 일반 안내서에서 볼 수 있는 전형적인 일련의 목록과는 달리, 이 형식의 표는 중복된 행위들, 예를 들어, 기도와 찬양이 섞인 경우를 보다 쉽게 볼 수 있게 해주며, 흐름도 용이하게 만들어 준다. 이것은 예배의 다양한 사역을 하고 있는 이들이, 많은 사람들 중 한 사람으로서 자신의 역할을 머릿속에 그릴 수 있게 해주며, 그로 인해 원활한 흐름을 할 수 있도록 그 사람들과도 협조를 잘 하길 바란다.

예배 예시

주요 구절: 요한복음 2장 1-11절 (개정공동성서정과(the Revised Common Lectionary)[78]에서 이 구절은 'Year C'의 주현절 이후 두 번째 주일에 사용되는 복음서 본문이다.

설교 개요: 와인이 다 떨어졌을 때

와인은 고대 문화에서 기쁨을 상징했으며 결혼식에서 마시곤 했다. 놀랍게도, 가나의 한 결혼식에서 와인이 다 떨어지게 되자, 결혼식에 오점을 남기게 되고 신랑 신부의 가족들은 불명예를 얻게 되었다. 예수가 관여하게 되면서 그들에게 이상한 지시를 내린다. 그들은 와인을 요구했지만, 예수는 돌항아리에 물을 채우라고 말했다. 그들은 자신들이 가지고 있지 않은 것을 요구했지만, 예수는 그들이 가진 것을 가져오라고 말했다. 그들이 순종을 하자, 예수는 그들이 가진 것에서 필요한 것으로 바꾸어, 결혼식에 다시 와인을 채워 놓는다. 이와 마찬가지로, 우리 인생에서는 와인이 다 떨어질 수도 있고 우리의 기쁨이 예기치 않게 사라질 수 있는 많은 상황들이 생길 수 있다. 이를테면 깨진 관계나, 성취되지 않은 일, 목회자의 탈진 등이다. 그러한 경우에 예수는 우리가 겪고 있는 것 즉 깨진 결혼, 좌절감을 주는 일 등을 가져오라고 하고 그것들을 변화시키고 예전에 가지고 있는 기쁨을 다시 되찾아주신다.

예배의 이야기 흐름에 대한 설명

설교 개요를 기준점으로 본다면, 이 예배의 이야기는 우리를 향한 하나님의 신실함과 사랑, 그리고 은혜에 대한 일반적인 찬사로 시작되며, 점차 구체적인 내용(보편적인 것에서 개인적인 내용으로 들어감)으로 좁혀지다가 다시 넓혀지면서 끝나게 된다. 우리가 모이고, 하나님의 사랑과 은혜를 느끼게 됨으로써 하나님께서 우리를 부르심을 알게 된다. 이러한 은혜는 십자가를 통해서도 알 수 있었지만, 오늘날 우리의 삶 속에서도 계속해서 이어지고 있다. 예배의 요소들은 회중들로 하여금 그들 삶의 특정한 상황에서 그 사랑과 은혜를 보여 달라고 하나님께 간곡하게 부탁할 공간을 만들게 된다. 음악적으로 보면, 처음에 나오는 여는 찬송가는 즐거운 찬양에서 조용한 희망으로 변하면서 무력한 우리 자신들을 발견하게 되며 하나님이 우리에게 하신 약속을 지켜 달라고 매달리게 된다. 말씀의 선포는 이 무력함을 향해 있으며, 가나에서 일어난 그리스도의 기적을 통해 예배자들에게 그들이 필요한 것들을 고백하도록 만들어준다. 설교를 마치고 기도의 시간이 시작되면서, 예배자들은 그리스도께서 주신 풍성한 삶과 기쁨을 대가로 자신의 물 항아리를 바치며 이 소망의 약속에 응답하도록 유도한다. 또한 우리는 비슷한 기적이 필요한 우리 주변 사람들에게도 주의를 기울인다. 그리스도를 통해 회복된 우리는 그 회복의 대리인으로서 세상에 보내진다.

음악적 요소	이야기 요소	미디어 요소	비고
찬양곡 "Your Love O Lord" by Brad Avery, David Carr, Mac Powell, Mark D. Lee, Tai Anderson CCLI #1894255	Key: G 찬송은 절에서(후렴이나 CCLI인 경이 아닌) 끝나야 하며, 점점 느리게, 그리고 주 화음으로 마무리 된다. 가벼운 샘물 충동이 들린다. 예배 지도자의 인사말로 깔리는 주 화음에 기를 맞춘다.	(참고: 이 열에서 이탤릭체로 표시된 건 이야기로 표현되어야 할 부분이 아니라 지시 사항이다.) **키보드 패드를 통해하는 인사말** "교회야, 오늘 나와 함께 주님의 집에 있게 되어 기쁘다! 내가 우리와 몇 분 함께 했든, 또는 몇 년간, 아니면 단지 10분 동안만 함께 했든지 간에, 매주 우리를 이곳에 모아 예배 드리게 하는 분은 하나님이라고 우리는 믿는다. 그리스도 가사랑으로 말씀하시기를, "함께 싸우고 무거	찬양을 부를 때마다 가사가 나올 것이다. 색깔과 폰트는 7경에 나오는 지시사항에 따라 일정하게 유지해야 한다. 인사말 중에 화면에 보이게 할 수 는 몇 가지 선택 사항: 빈 화면, 교회 로고, 또는 설교 내용이 주된 이미지. 인사말에서 그 이미지가 언급되거나 설명되지는 않기 때문에, 말하는 내용에 관해 성도들에게 방해가 될 들어, 이미지들이 피를 것이다. (예를 들어, 이미지 나온 한국이미지를 예배 전체에는 맞출지몰라도, 이 시점에 보이게 하는 것은 너무 이른 다고 할 수 있다.)	성도들은 시편 36편의 말씀을 바탕으로 한 찬송으로 하나님의 충실함과 사랑을 찬양하며 한자리에 모인다. 이사편이 일부는 그 주간에 야 할 성구절의 한 부분이다. 그 주에 쓸 시편 말씀을 바탕한 찬양곡이 있는지는 늘 찾아볼 만하다. 이 예배에 더 많은 성경 내용을 적 용시킬 수 있는 쉬운 방법이다. 이 찬양은 "모임" 단계의 일부로 역할을 하고 있으며, 우리를 예배 안에 모이게 하신 하나님의 성품과 사람에게 성도들의 관심을 집중시키는 본질적인 역할을 이루어낸다. **[1단계: 임례 또는 모임]**

178 예배의 흐름

예배 인도자는 성도들을 환영하고 초대하는 하나님의 말씀을 이야기한다. 예배의 주제에 대한 틈은 사용된 언어와 선택과 함께 여기서 시작된다. 하나님의 음성(우리가 응답하게 되는)이 한 대예배에서 즐겨 사용하는 대화식으로 전해 내려오긴 했지만, 그것을 전달하기 위해서 얼마나 많은 성경 구절들을 인사말에 썼는지도 주목해보자.

온 짐을 진 자들아, 모두 나에게로 와라. 그리하면 너희에게 휴식을 주겠노라. [마11:28] 그리고 하나님의 말씀하시기를, "목마르고 배고픈 자들아, 모두 와서 물들기가 마르지 않는 개울에서 마음껏 마시고 생명의 빵을 먹어라. [이사야55:1-2; 요한복음 6:35 참조]

우리는 아프고 지쳐있는 자, 부서지고 멍든 자, 길을 잃은 자, 외롭고 두려운 자, 구세주 예수 그리스도를 필요로 하는 모든 자, 희망이 필요한 모든 자들에게 주께로 와서 주 안에서 그들이 필요한 모든 것들을 찾으라고 말씀하시는 하나님을 만나게 되었다. 우리가 방금 노래했듯이,

예배 인도자가 말을 마치는 동안, 피드는 희미해지기 시작한다. 그리고 그가 모든 걸 끝내는 순간 밴드 전체는 B의 키로 "This isAmazing Grace(전능하신 주 놀라운 사랑)"의 강한 전주로 돌입하게 된다.

찬양곡

"This is Amazing Grace(전능하신 주 놀라운 사랑)"by Jeremy Riddle, JoshFarro, Phil WickhamCCLI #6333821 | 키: B

"This is Amazing Grace(전능하신 주 놀라운 사랑)"은 이 예배 내내 나타나는 하나님의 은혜와 사랑에 대한 더 큰 주제를 만들기 시작한다. 하나님이 우리가 필요한 것을 아시고, 우리가 가진 것에서 필요한 것으로 변화시키시는 것은 바로 하나님의 은혜와 사랑을 보여주는 행위이다. 이 곡은 복음서사의 중요한 부분을 말해준다. 잃은 종이 찾아진 분이 우리가 있어야 할 십자가에 우리를 대신하여 매달리심으로써 우리가 살 수 있도록 구원해 주셨다는 것이다.

"Our God(크신 내 주님)"은 앞에서 불렀던 하나님의 은혜와 사랑을 현재 진행형으로 만들어 주신다. 하나님은 과거에도 이 놀라운 일을 해오셨지만, 현재 우리의 고난들도 계속해서 이겨내게 해

이 하나님은 그 누구보다도 신실하고 사랑이 넘치신다. 우리는 하나님의 말씀이 진실이라고 믿는다. 그리고 그가 말씀하시는 것들은 모두 이룰 수 있고 또 반드시 이룰 것이다. "그러므로 이리로 와서 우리 하나님께 예배드리며 응답하자."

곡 전체를 연주하고 인트로리프로 판내며, 싱별 중돌로주화음에 맞춰 다. 키는 B로 유지를 하면서, 인트로 리프 "Our God(크신 내 주님)"올기의 같은 키로 즉시 시작한다. 키는 템포를 설정하는 역할을 한다.

선언과 찬양의 곡

"Our God(크신 내 주님)" by Chris Tomlin, Jesse Reeves, Jonas Myrin, Matt Redman CCLI#5677416 [7]: B

첫 번째 절이 시작으로 기도가 끝나는 시간을 재기 위해인트로 리프를 필요한 만큼최대한 반복한다. 곡을 따라 부른다.

점점 느려지면서 후렴을 마친다. 주 화음에 정착하지 말고 E 코드를 유지하도록 한다. 가는 G - vampG/BC EmC 또는 이와 유사한 키로 전환된다.

기도가 끝나면 곧바로 인트로 리프를 시작한다.

고백과 소망의 곡

"깨진 그릇(Broken Vessels)" by Joel Houston, Jonas Myrin

전환되는 곡을 배경으로 기도를 한다.

"하나님 아버지, 우리는 우리 앞에 놓인 그어떤 장벽보다 주님이더라 위대하시다는 것과, 우리의 연약함을 대하시는 것과, 우리의 연약함을 감사주시는 주님의 강인함을 아는 것, 또한 주님께 붙가능 한 것은 없다는 것을 선포합니다. 주님의 은혜로 우리의눈을 뜨게 하셔서, 물을 포도주로 바꾸고 연약함을 강인함으로, 우리의 무너짐을 온전하게 기뿜으로 바꾸주시는 주님의 능력과, 주님의 이름이 당신에게 마땅한 모든 기도를 받는 것을 볼 수 있게 하여 주시옵소서. 우리는주님이 우리의 재를 아름다움으로, 우리의 슬픔을 기쁨으로 바꿔 주신다고 믿기에, 그리고주님의 마음이 깨지고저럼 부워지는 자들아바지는 것을 없신여기지 않으신다는 것을 알기에 주님을 경배하면서 우리 자신을 살아있는 제물로 바칩니다."

주신다. 이 곡은 하나님이인격과 약속에 대한 확신을노래하는 곡이다. 이 곡에서는 또한 주를 위해 쓰시는, 물을 포도주로 바꾸는하나님의 권능이 기적을 증거로 내세우며 성경말씀을이야기해주고 있다.

이 기도는 이전 곡의 연이름끝이다. 가 다음 곡에 적용시키는 전환의 역할을 해준다. 하나님의 크신 능력은 우리삶의 무너진 부분들을 가져가셔서 고쳐주신다.

"깨진 그릇들(Broken Vessels)"은 우리가 필요한것들을 말하기 시작하며, 하나님의도 놀라운 은혜로 이애응답한다. 서슬을 하자면, 우리가 필요한 것들을 예수님 앞으로 가져가만 한다면, 주님이 우리의 부족함을 얼마나 풍요롭게 충족시켜주시는 지에 대한 설교들을 수 있도록 끌임없이 우리를 그 위치로 데려가고 있다는 것이다.

부록

181

CCLI #7019974 키: G

후렴의 마지막 줄에서 곡을 마친다. C 코드를 유지할 것. "Touch of Heaven"의 후렴으로 넘어간다.

기도곡
"Touch of Heaven" by Aodhan King, Hannah Hobbs, Michael Fatkin
CCLI#7102403 키:G

이 곡의 후렴 부분부터 시작한다.

후렴과 브리지 사이를 연결하는 짧은 음악: vamp C D Em G

간주를 배경으로 기도를 한다.

"하나님 아버지, 우리는 당신을 몹시 원합니다. 당신은 신이고 우리는 아닙니다. 그러나 우리는 종종 당신만이 할 수 있는 것을 하려고 노력합니다. 우리는 우리 삶에서 무너진 조각들을 다시 붙여보려고 노력합니다. 오직 주님의 은혜와 권능만이 아니라 우리를 온전하게 만들 수 있다는 것을 잊고 말입니다. 당신이 우리를 당신과 함께하는 삶을 속으로 부르고있다는 사실을 잊고 우리는 우리 스스로의 힘으로만 살아가려고 합니다. 당신의 풍요로운 영광에 마음을 닫지 않을 것입니다. 하나님, 우리는 당신에게 마음을 엽니다. 주님의 삶으로 우리를 다시 채워주세요."

[2단계: 말씀]

이 단계들의 구분은 사물 중심의 예배 순서보다는 덜 명확하다는 것을 알 수 있다. 주요 행위들이 서로 간에 오고 가는 흐름이 이어지기 때문이다.

"Touch of Heaven"은 여기서 빛의 기도로서의 역할을 하고 있다. 어떤 곡들은 교파의 예배 순서에서 요구하는 기도의 유형을 충족시킬 수 있다. 우리는 이 찬양곡들을 통해 하나님이 우리를 만나시고 우리가 늘 노래해왔던 은혜와 사랑을 보여주셨으면 하는 절실한 필요성과 희망을 계속 표현하고있다. 우리가 필요한 것을 주실 수 있는 분은 오직 하나님뿐이라는 것을 알고, 우리는 받기 위해 우리 자신들을 엽니다.

이 기도는 고백의 요소들을 담고 있다.

위에서 보았듯이, 오프닝 곡들 사이에 나오는 기도들과 전환들은 찬송가 가사처럼예배의 성경 내용을 늘리는데 사용될 수 있다는 것을 기억하라.

브리지로 가서 부르기 시작한다.	성가대가 합창을 하는동안 목사는 자리를 잡아야 하며, 찬양이 끝나갈 때 기도를 시작한다. "당신의 영을 말미암아, 당신이 가나의 결혼식에서 그리스도를 통해 했던 것처럼, 우리 안에서도 당신의 은총의 기적들이 일어나게 해주소서. 주여, 아리는 주의 영광을 보았습니다. 우리는 믿습니다. 진리의 영이시여 우리의 붓신을 도우소서. 예수 이름으로, 아멘"		이 찬양을 다음에 나오는 기도와 목사님의 성경봉독과 연결을 시키면 성도들의 찬양과 말씀이 설교 사이에 보다 나은 흐름이 형성될 것이다. 좋은 흐름은 찬양에서 말씀으로 애정이 넘쳐나게 만들어 준다.
후렴에서 끝낸다. 서서히 부드럽게 사라진다.			
	목회자의 성경 봉독 요한복음 2:1-11		
키보드 연주자는 메드를 C로 시작해 설교가 끝날 때까지 유지한다.	**설교** "포도주가 다 떨어졌을때"	빈 와인 잔 등이 중앙 이미지가 될 수도있다.	**[3 단계: 응답]** 예배의 시간 제한에 따라 이부분의 길이는 조정이 될 수 있다. 예배팀이 배경에서 부를 수 있도록, 그리고 원하는 사람 모두가 동참할 수 있도록, 이곳에 무릎을 하나 재쳐놓긴 했지만, 기도와 관심을 바치는 주요 행위들은 찬양을 하지 않고도 쉽게 이룰 수 있다. 그 대안으로는, 단순한 배경음악이 연주될 수도 있고, 잘 알려진 후렴구의 악기 버전도 연주될 수 있으며, 심지어 침묵도 괜찮다.

믿음의 곡			
"Restoration" by AudraHarke, Clay Edwards CCLI #4849599 | 키: C	키보드 연주자는 배경에 곡의 화음들을 연주할 수 있다.		
	예배팀은 1절과 2절을 부드럽게 노래한다. (아마도 마이크에서 머리 떨어져서)	이러한 질문들을 스크린에 띄워주면 예배자들을 참고할 수가 있어서 도움이 될 수 있을것이다. 이것들은 가득 찬 와인잔의 이미지를 배경으로 써 예수님께서 이행하셨던(또는 아리가 부탁음하고 있는) 기적을 상징화할 수 있기 때문이다...	기도의 시간은 단순히 기도를 듣고 공감하는 것을 넘어, 성도들을 참여시킬 수있도록 쩌여졌다. 성도들은 그들 자자의 기도를 바치게되며, 목사는 그의 리더십으로 그 기도들을 잠모아 조합시킨다.
	기도의 배경으로 계속 찬양을 부른지, 아니면 보컬은빼는 음만 연제 속 이어지게할지 분별력 있게 결정하도록 한다. 이 곡은 전체적으로 로 화음 진행이 같고, 그 진행에 따라 4개의 다른 가사로 이뤄진 단순한 구조를 가지고 있기 때문에 목사와 함께 그 곡 안밖으로 오고 가기 쉽다.	목사는 기도의 시간으로 들어가며 성도들의걱정으로 시작된다. "오늘 너희는 예수가바꿔주길 바라면서 무엇을 가지고 있느냐? 너의 삶의 어떤 부분에예수가 와서 회복시켜 주길 바라느냐? 지금이 시간을 통해 너의이 근심들을 예수님계전하라. 필요하다면,쪽서 주머니[많 안 예있느]네게 기도 카드가있다. 그것들을 적어서 이 항아리 안에넣어라. 이것은 예수님이 포도주로 바꿀 수있도록 드신이 물을 바치는 상징적인 행위이다. 믿주일가 우리 기도들은 주님계 이런요청들을 계속해서 가져갈 것이다. 오라, 은혜의 왕좌로 다가가자." 기도하는 자세를 취하면서 묵소 보여주며 기도를 유도한다. 성도들이 응답하고 기도할 수 있는 시간을우선주고, 그 이후에는 성도들이 주님께 집단으로 기도를 드리게 하면서 그들을 다시 단체기도의 시간으로 인도한다.	여기엔 찬양과 기도의 시간이 맞물려 있다. 목사는성도가 설교에 나온 질문/도전에 구체적으로 돌아볼 수 있도록 유도한다. 그리고 묵회차는 점차 기도의 관심을지역사회나 더 큰 세상으로돌릴 수 있도록 성도들을 이끌어 나간다.

184　예배의 흐름

이 곡의 3절을 부른다.	"주 예수님, 가나의 결혼식에서와 같이, 우리 가운데 몇 사람은 포도주가 다 떨어졌습니다. 우리 중에는 좌절한 사람도 있고, 지친 사람들, 육체적으로 도움이 필요한 사람들도 있고, 다음 식사 때 먹을 수 있는 양이 있을지도 걱정도 됩니다. [당신의 성도들에게 맞는 걱정할 상황들을 더 알려주세요.]… 그러나 우리는 당신이 기적을 행할 수 있다는 것을 알고 있습니다. 그래서 우리는 주님이 우리에게 필요한 것들을 다 채워 주실 것이라고 믿고 당신 앞에 이 모든 걸 가져왔습니다. 주여, 우리의 기도를 들어 주소서." 성도들이 2명, 또는 3명씩 그룹들이 모여 함께 기도할 수 있도록 한다. (공동체) "우리는 이제 우리의 공동체, 이 교회의 공동체, 이 도시, 우리가 속해 있는 각 단체들이 필요한 것들과 걱정하는 것들에 관심을 돌립니다."	무엇을 위해 기도해야 할 지 모를 수도 있는 사람들에게 기도를 인도할 수 있는 메시지를 제시해준다. 다음한 기도 주제를 떠올릴 수 있는 사진들을 아끼며 보여주는 것도 좋은 방법이다. - 예를들어, 자연 재해나 분쟁, 그리고 가난함과 노숙, 배고픔을 나타내는 사진들 등.	이것은 성도들이 하나님 앞에서 서로 교류할 수 있는 기회를 만들어 주는데, 이는 하나님께서 우리를 서로 공동체 속으로 불러들이셔서 세상을 중재하는 제사장이 되라고 말씀하시는 것이다. 세상을 위한 기도를 드린 후에, 바로 "아멘"으로 기도를 마치지 말라. 목사/기도자가 세계를 위한 기도를 마친 후에는 성도들에게 함께 동참하라는 신호로, 마이크를 내려놓거나 찬양을 같이 따라하기 시작한다.

부록

4절을 부르거나 다른 절을 상황에 맞게 반복해서 부른다.

마지막 절은 성도들이 함께 부를 수 있도록 하며 몇 번을 반복한다.

목사가 기도할 시간을 마지막 보컬 리스트는 마이크에서 물러난다. 키보드 연주자는 기도의 배경 음악으로 "회복"의 화음을 계속해서 연주하도록 한다. 이는 하나님이 새로운 창조물을 만들어 내시는 것을 강조해주는 효과음의 역할을 한다.

패드를 C키에서 G키로 전환한다.

여기서 "So Good to Me"의 도입 부분을 시작한다(봉헌 시간 동안 연주된다). 목사의 말이 끝날 때까지 도입부분의 코드를 계속 반복한다.

간증의 곡(봉헌 시간 중에)
"So Good to Me" byCory Asbury, WilliamMatthews
CCLI #6023825 | 키: G

이전과 같이 성도들이 기도에 참여할 수 있도록 시간을 준다.

"하나님, 우리는 치유와 회복을 할 수 있는 당신의 능력이 필요한 사람들과 단체들을 당신 앞에 모십니다…"

(세상) "이제는 이 세상이 필요한 것들에 주를 돌아봅시다…"

이전과 같이 성도들이 기도에 참여할 수 있도록 시간을 준다.

"하나님, 이 세상을 대신하여 당신이 그 변화시킬 수 있는 능력들간에 간청합니다…"

스크린에 다음과 같이 글을 띄운다.

그는 선하시니 주님께 감사하라.

찬양이 끝나면, 하나님께서 모든 것을 새롭게 하신다는, 조금 전에 부른 곡의 약속을 되새기며 기도의 시간을 마친다.

이러한 인사는 우리가 주의 선하심을 보고 받은 자임을 인정함으로써 평화를 전달하는 중요한 행위가 된다.

"So Good to Me"는 즐거운 영혼을 담고 있는데, 이는 와인의 성장 이기도 하지만 우리가 기쁘게 찾을 때 우리 마음속에 깃들어 있으면 하는 바람이다. 앞의 곡("회복 Restoration")에서나온 "재를 아름다움으로", 그리고 "슬픔을 기쁨으로" 전환하는 주제가 계속된다. 이 간사이 성적을 볼 국토한 성도들이 서로 인사를하도록 연속적으로 권

헌금 접시가 돌아다니면 찬양이 시작된다. 성도들이 여기에 맞게 찬양을 유도하도록 한다. "너희는 와서 하나님께 선하심을 찬양하여라!" 찬양이 끝나는 시간과 헌금을 걷는 시간이 잘 맞을 수 있도록 하라. 기보드 연주자는 기도하는 동안에는 패드를 틀고 다음 곡을 준비할 때 C키로 전환한다. 기도가 끝나면 "New Wine"의 도입 부분을 시작한다.

약속의 곡

"New Wine" by Brooke Ligertwood (CCLI #7102397) | Key: C

찬양하는 동안 연주를 한다. 브리지에서 끝낸다. 목사가 축도를 하는 동안 패드를 정지시킨다. 목사가 "아멘"이라고 말하면 브리지를 다시 시작한다. | [안내위원들은 헌금 접시를 돌린다]

"선하시고 인자하신 하나님, 당신이 행한 모든 일들에 대한 감사의 마음으로 전하는 이 선물들을 받으소서. 주님의 선하심과 사랑이 온 세상에 알려질 수 있도록 이것들을 사용하시고, 우리를 그 선과 은혜의 중인으로 삼으소서. 아멘"

마침과 축복

기쁨을, 절망에서 희망을, 죽음에서 생명을 이끌어 내는 놀라운 하나님의 능력을 증언해주어라. 너희 안에 있는 성령을 통하여 그리스도에서 역사하여, 너희가 받은 대로 주어라. 주 예수 그리스도의 은혜와 하나님의 사랑과 성령의 교통하심이 여러분 모두에게 함께 하시기를 바랍니다. 아멘 | 그의 사랑은 영원하다!

와인 타쿠(또는 구할 수 없을 경우, 와인과가장 유사한 심홍색인 타쿠)의 이미지로 변경한다. 이것은 포도주/생명이 우리로부터 다른 사람들에게 흘러넘치는 것을 상징한다고 볼 수 있다. 와인의 중앙 이미지가 처음부터 어떻게 발전해 왔는지 자주 주목하라.

고하고 있으며, 하나님께서 우리에게 선하셨음을 (당신에게도 역시 선하시고) 선언하시며 우리를 앞으로 보낼 수 있도록 준비시킨다.

[4단계: 파송]

"New Wine"은 성경에서 나오는 또 다른 포도주의 예를 나타낸다.(마 9:14-17). 하나의 이미지가 여러 가지 의미와 해석을 가질 수 있다는 점에 주목하라. 일반적으로 보내는 노래로 적절한 선택은 아니지만, 이 예배의 맥락에서는 이 곡이 와인의 주제와 이미지를 깊이 있게 만들어 주는 역할을 한다. 설교와 와의 주제는 적절하게 연결되어 있으며, 새로움에 대한 개념은 하나님께서 우리 안에 계시는 그리스도를 통해서 가져다주시는 새로운 창조물에 표현들을 나타낸다. 이 곡은 우리 안에 있는 그리스도의 힘으로 그의 포도주(피/기쁨/생명)를 다른 사람들에게 가져다 줄 수 있는 그릇이 되고자 하는 우리의 의지를 노래한 것이다. |

부록 B

현대 예배에서 성찬식의 진행

레스터 루스 Lester Ruth

부록 A에서 제공되는 예배에는 주의 만찬이 포함되지 않았다. 하지만 고대-현대 예배에서 성찬식을 진행하고 싶다면, 어떻게 할 수 있고 또 어떤 모습으로 진행이 될까?

한 가지 쟁점은 성찬식과 관련된 복잡한 행위들의 음악적 통합, 특히 성찬식을 중심으로 음악적 구성에 관한 것을 다루는 것이다. 나의 제안은 봉헌 기도(연합 감리교에서는 '위대한 감사(Great Thanksgiving)') 바로 앞 순서에 찬양 몇 곡을 삽입해 연합 감리교 예배에서 나타난 세 가지 예배의 행위들을 실행하는 것이다. 그 세 가지는 그리스도의 담대한 초대, 회중들의 회개의 고백, 그리고 하나님의 은혜에 대한 확고한 선언이다.

음악가들은 서정적인 내용과 음악적 차원을 모두 고려해 현대 찬양들을 찾을 수 있어야 하며, 이를 통해 회중들이나 사회자가 이 글자를 읽지 않고도 봉헌 전의 행위를 실행할 수 있게 되는 것이다. 즉, 예배의 주요 행위들에 최대한 많은 찬양을 한다. 마찬가지로, 성찬식을 진행하는 동안이나 그 이후에 하나님을 축하고 감사하기 위한 간단한 찬양들을 몇 곡 삽입하는 것도 적절할 것이다. 결론은 봉헌 순서 전후 예배의 주요 행위들 사이에 최대한 많이 찬양하려고 노력해야한다는 것이다.

봉헌 전후의 찬양이 중요한 만큼, 봉헌 기도(위대한 감사)를 하는 동안이나 또는 배경으로 찬양을 삽입하는 것 역시 중요하다. 그 중 일부는 일반적으로 회중들이 부르는 가사에 대한 현대적인 찬송 곡들을 찾는 것이다. 그리고 '전통적인' 배경은 주로 교파 찬송가에서 나타나는데, 상투스 즉, "Holy, holy, holy Lord(거룩 거룩, 거룩한 주님)"와 기념 환호송 즉, "Christ has died(그리스도가 죽었다)" 등이며, '아멘'이 있다. 현대 밴드 팀을 위한 곡들을 설정하는 사람들이 더 이상 없기 때문에, 인터넷 검색을 통해 회중들에게 맞는 것들을 찾아야할 것이다. "CCLI의 곡 목록 찾기(Song Select)" 서비스에는 몇 가지 사용 가능한 곡 세팅들도 찾아볼 수 있다. 찬양들이 반복되는 것은 현대 예배에서는 일반적인 것이니 이를 두려워하지 말아야 한다. 이는 한 번만 부르고 바로 다음 곡으로 넘어가는 전통적 예배에서보다는 아마도 더 많은 시간을 찬양과 함께 하는 것이다.

봉헌 기도 순서에 회중 찬양을 포함시키는 데에는 또 다른 방법이 있다. 사회자의 기도 배경에 찬양을 깔아주는 것이다. 이것은 성찬 기도의 고전적인 찬양 곡들로도 가능하지만, 현대 예배의 찬양곡들을 배경음악으로 사용해도 좋다. 나는 종종 브렌튼 브라운(Brenton Brown)과 글렌 로버트슨(Glenn Robertson)의 "All Who Are Thirsty(목마른 자들)"에서 두개의 후렴부분을 배경음악으로 사용하기도 했다(CCLI #2489542). 두 후렴 중 하나는 예수님을 부르는 것, 다른 하나는 성령을 부르는 것이다. 나는 성령(Epiclesis, 에피클레시스)을 부어 달라고 요청하는 기도에서 신호를 맞추기 위해 밴드와 함께 연습하며 확인한다. 밴드가 신호를 들으면, 곧이어 회중들은 이 찬양의 두 가지 후렴을 부르게 되며, 나는 그 찬양을 배경으로 기도를 계속하게 된다. 이것은 나의 기도가 끝날 때까지 계속되며, 밴드도 적당한 지점에서 자연스럽게 마무리하며 찬양을 끝낸다.

두 번째이자 더 큰 문제는, 성찬식을 하는 동안 사회자가 어떻게 기도를 하고 자신을 어떻게 다루는 지에 대한 것이다. 확실히, 격식 있고 매우 형식화된 움직임과 책에 대한 높은 의존도(예를 들어, 눈을 마주치지 않고 기도를 읽기만 하는 것), 말할 때 확실하게 전달할 수 있는 능력이나 구어체 사용의 부족 (예를 들어, 기도할 때 감정을 충분히 싣지 않은) 등은 현대 예배에서 일반적으로 이야기기하는 예배 지도력의 본질과 맞지 않는다(제 6장 참조). 그렇기 때문에 사회자는 현대 예배를 진행하는 동안에 그의 몸을 편안하게 사용할 수 있어야하고, 다른 곳에서도 볼 수 있는 제스처와 자세를 취할 필요가 있다.

또한 책으로부터 조금은 벗어날 필요도 있다. 그러므로 나는 기본적으로 봉헌 기도(위대한 감사)를 암기하고 내면화해 충분히 익숙하게 만들 것을 강력하게 추천한다. 그리고 이 암기는 단순히 단어를 외우는 것이 아니다. 그것은 봉헌시간에 하게 되는 감사 기도의 종류들, 즉 찬양과 감사, 우리 자신을 바치는 것, 성령을 부르는 것, 또 다른 기도를 터뜨리는 것과 그 순서를 파악하고 있어야 한다.79 사회자는 또한 예수 그리스도를 통해 위대한 일들을 이루신 하나님 아버지께 드리는 기도의 원리를 파악함과 동시에 기도를 통해 성령이 쏟아져 나오기를 열망해야 한다. 그것은 과거에 하나님이 하신 일들이 있었던 것과 동시에 현재에는 하나님께 내 자신을 바치고, 미래에는 그리스도가 무엇을 이룰 것인가를 기대하는 삼위일체의 개념을 가지고 있다. 사회자가 이런 기도의 원리를 잘 파악하고 있고 기도의 소재도 외우고 있다면, 그는 성찬식에서 그 암기된 소재를 바탕으로 즉흥적인 기도를 잘 만들어 나갈 수 있을 것이다. 사회자는 결국 짜인 각본이 있는 기도문을 사용하지 않고도, 순교자 저스틴의 교회에 있는 사회자(제 1장 참조)와 같이 봉헌시간 전체를 즉흥적인 기도로 이끌어 나갈 수 있는 상황까지 될 수 있을 것이다. 사회자가 교파 자료에 봉헌 예식의 기본 원리를 숙독하기 위해 열심히 노력했다면, 그는 봉헌 예식을 수행할 때 각본에 쓰인 대로 하면서도, 현대 예배의 일반적인 정신에 '맞다'고 느낄 수 있도록, 즉흥적으로 진행을 할 수 있어야 한다.

미주

미주

1 이와 같은 발전의 역사를 위해서 림 스위 홍과 레스터 루스(Swee Hong Lim and Lester Ruth)의 책을 보라. Lovin' On Jesus: A Concise History of Contemporary Worship (Nashville: Abingdon Press, 2017).
2 아마도 기회를 놓친 두 파도가 동시에 도착했기 때문일 것이다. 예배의 두 물결을 동맹보다는 경쟁자로 보는 것이 더 낫다.
3 이 두개의 파동 사이에 중간 지점을 찾으려고 하는 사람도 있었다. 가장 잘 알려진 예로 로버트 E. 웨버가 있는데, 그는 많은 책들에서 "통합 예배(Blended Worship)"를 지지한 바 있다. Blended Worship: Achieving Substance and Relevance in Worship (Peabody: Hendrickson Publishers, 1994) and Planning Blended Worship: The Creative Mixture of Old and New (Nashville: Abingdon Press, 1998).
4 역자 주) 독서집(Lectionary) 또는 성서일과(聖書日課)는 기독교에서 교회력에 따라 배치한 전례 성서를 말한다. 대림절(Advent), 성탄절(Christmas), 주현절(Epiphany), 사순절(Lent), 성 주간(Holy Week), 부활절(Easter), 연중주일(Season after), 성령강림절(Pentecost)등의 교회력 절기에 맞추어 성경 말씀이 배치되어 있다. 1년을 기준으로 313년 공인 이전부터 성경을 절기에 맞추어 읽는 관례가 있었으며, 서방교회와 동방교회에서 각자의 성경 일독을 지침으로 하는 독서집이 있었다. 근대에 와서 가톨릭과 정교회, 개신교회는 각각의 교회 절기에 맞춘 하루 성서 독서(성서정과, 성서일과)

를 개별적으로 교파별로 가지고 있었다. 이에 대한 반성과 교회일치운동의 일환으로 모든 교회가 사용하는 성서 일과를 마련하자는 의견이 모였고 그 결과 현재의 성서일과를 형성했다.

5 유스티누스(Justinus)로도 불리는 저스틴 순교자(Justin Martyr, 100-165년경)는 초기 기독교 변증가로서 2세기 로고스 이론의 최초의 해석가다. 그의 작품들 다수가 분실되었으나 두 개의 변증론서와 대화문 하나가 지금까지 남아있다. 그는 가톨릭 교회, 성공회, 동방 정교회의 성인으로 자리하고 있다.

6 여기서 저스틴의 해석은 다음의 자료에 나오는 그리스어와 영어에 근거한 것이다: Denis Minns and Paul Parvis, eds., Jsus, Philospher and Martyr: Apologies (Oxford: Oxford University Press, 2009), 258-61 and Cyril C. Richardson, Early Christian Fathers, Library of Christian Classics vol. 1 (Philadelphia: The Westminster Press, 1953), 287.

7 내가 속해있는 감리 교회와 같은 많은 교단에서 이 순서는 특히 주일 예배의 표준으로서 역사상 새로운 것이었다. 최근 교단의 말씀과 성찬 순서는 이전의 대부분 감리교 예배의 주일 전후로 행해지는 독서, 회중 찬송, 합심기도, 성가대, 목회 기도로 구성된 표준적인 "전통적 예배" 순서였다. 예배가 끝날 무렵 설교와 함께 주요 성경 읽기로 이어지는 모든 것과 마지막 찬송과 함께 제자도를 위한 일종의 초대나 부름으로 예배를 마쳤다. 이것은 1980년대에 4중 구조의 '말씀과 성찬' 예식이 소개될 때까지 내가 어렸을 때 경험했던 예배 순서였다.

8 역자 주) 교부(敎父)는 2세기 이후부터 기독교 신학의 주춧돌을 놓은 이들을 일컫는다. 교부라는 호칭은 후대에 붙인 이름이며, 이들에 관련된 신학을 '교부학', '교부신학'이라고 부른다. 교부는 2세기에서 8세기에 걸쳐 기독교의 이론을 확립하고 또한 이단과의 열띤 논쟁을 벌여 사도전승을 바탕으로 한 보편교회 신학과 교리를 수호하는 데 앞장섰다.

9 역자 주) "대영광송(大榮光頌, Gloria)"은 로마 가톨릭교회의 미사와 정교회의 주일조과(主日朝果), 성공회의 감사성찬례, 루터교 주일예배 때 신의

영광을 찬미하는 찬미가다. 아기 예수가 태어났을 때 천사들이 찬미했다는 누가복음의 예수 탄생에 기초를 두고 있으며, 대림절과 사순절을 제외한 모든 주일, 대축일, 축일 또는 지역의 성대한 축제에는 서서 '대영광송'을 모두 함께 또는 번갈아 노래하거나 외운다.

10 역자 주) "테 데움(Te Deum)"은 "우리는 당신을 주님으로 찬미하고 받들겠노라"라는 라틴어로 시작되는 오래된 찬송가다. 일요일이나 축제일의 오피치움의 조과(朝課)의 맨 끝에 부른다. 이것이 바뀌어 승전기념일 등에서 감사의 노래로 쓰이게 되었다. 후세에 이르러 다성적인 작곡을 하게 되었고 헨델, 베를리오즈, 브루크너 등의 작품이 비교적 잘 알려져 있다.

11 David K. Blomgren, The Song of the Lord (Portland: Bible Press, 1978).

12 역자 주) 'Christian Copyright Licensing International(CCLI)'은 하워드 라친스키(Howard Rachinski)가 1988년 미국에서 설립 한 개인 소유 회사다. CCLI는 라친스키가 오리건 주 포틀랜드에있는 큰 교회에서 음악 목사로 3년 반 동안 개발한 후 시작되었다. 'Starpraise Ministries'라고 하는 이 프로토 타입은 1985년 5월에 시작되었다. CCLI는 기독교 예배에 사용할 노래 및 기타 리소스 자료에 대한 저작권 라이센스를 제공하고 있다 .

13 탐 브룩스(Tom Brooks), Worship Forum: Spontaneity in Worship, Worship Times: The Newsletter for the Creative Worship Leader 1, 2 (Summer 1986): 4.

14 밥 소르기(Bob Sorge), Exploring Worship: A Practical Guide to Praise and Worship, (Canandaigua: Bob Sorge, 1987). See especially pp. 184–89, 234, and 275.

15 좀 웜버(John Wimber), Building a Worship Philosophy in Worship Conference Resource Material, unpublished conference handbook (Anaheim: Mercy Publishing, 1989), 22.

16 West Angeles Church of God in Christ Mass Choir and Congregation, Saints in Praise, Volume One, CD, The Sparrow Corporation, 1989.

17 돈 맥민(Don McMinn), The Practice of Praise: A Handbook on Worship Renewal (Waco: Word Books, 1992), 24, 73, and 77.

18 역자 주) 한국에서는 『효과적인 찬양 사역』 (서울: 예수전도단, 1995) 이름으로 출간됐다.

19 탐 크라우터(Tom Kraeuter), Developing an Effective Worship Ministry (Lynnwood: Emerald Books, 1993), 74-75.

20 린 허스트(Lynn Hurst), Changing Your Tune! The Musician's Handbook for Creating Contemporary Worship (Nashville: Abingdon Press, 1999), 77.

21 새들백 교회(Saddleback Church), 『Saddleback Music Conference book』 (1999).

22 케빈 나바로(Kevin J. Navarro), 『The Complete Worship Leader(완전한 예배 인도자)』 (Grand Rapids: Baker Books, 2001), 157-8.

23 역자 주) '오픈 코드(open cord)'란 '로우 코드(low cord)'라고도 하는데, 아무것도 누르지 않은 현이 있어서 오픈이라 하는데 즉 개방현을 포함하기 때문에 오픈 코드라고 한다. 반대의 개념이 '하이 코드(high cord)' 방식인데, '하이 코드'란 검지 손가락으로 프렛을 전부다 잡는 방식으로 이 때, 반음이 올라가게 된다.

24 달린 첵(Darlene Zschech), 『Extravagant Worship(넘치는 예배)』 (Minneapolis: Bethany Books, 2001), 171.

25 폴 발로쉬(Paul Baloche), 『Leading Worship: Creating Flow(예배 인도: 흐름 만들기)』 Modern Worship Series Instructional DVD (Lindale: leadworship.com, 2003).

26 밥 카우플린(Bob Kauflin), 『Worship Matters: Leading Others to Encounter the Greatness of God(예배의 중요성 : 하나님의 위대함을 알리기 위해 다른 사람들을 인도하기)』, (Wheaton: Crossway Books, 2008).

27 댄 윌트(Dan Wilt), 『How to Lead Worship Without Being a Rock

Star: An 8 Week Study(록 스타가되지 않고 예배를 인도하는 방법 : 8주간의 연구)』, (Wild Pear Creative, 2013).

28 맥민(McMinn), Practice of Praise, 24.

29 역자 주) 말씀을 마친 후 감동 받은 사람이나, 새신자들에게 강단 앞으로 나와서 기도를 받으라는 권면하는 행위로, 부흥회나 집회를 통해 '오늘 예수님을 영접하신 분들은 그 자리에서 일어나세요' 또는 '오늘 하나님의 자녀가 되기를 결단하는 분들은 강단 앞으로 나오세요' 등의 행위라 할 수 있다.

30 역자 주) 정심(靜心)기도는 '감사 성찬례'의 공식적인 시작을 알리는 개회기도로 채택된 기도문, 전승된 짧은 기도문들 중에서 가장 엄숙한 기도로 불려왔던 '정심 기도(The Collect for Purity)'다. 본래 라틴어 미사예식서에서 사제들의 미사 준비기도로 쓰이던 것인데, 그 일부를 토마스 크랜머가 번역하여 사용하면서부터 성공회감사성찬례의 전통적 개회기도가 되었다. 정심기도는, 예배자를 삼위일체 하나님과의 관계로 인도하여 깨끗함과 성실함이 참된 예배의 조건임을 상기시켜주고, 그 목적이 하나님을 사랑하며 주의 거룩하신 이름을 찬송케 하는 것이라는 것을 가르쳐준다. 이 기도는 감사성찬례뿐만 아니라 모든 예배의 개회에 어울리는 것으로, 하나님의 계명에 의하여 우리의 양심을 성찰하게 하며 하나님과의 만남을 준비토록 돕는다.

31 역자 주) 복음서 교훈은 단순히 읽히는 것이 아니라, 성직자(장로, 사제, 주교) 중 한 명이 외친다, 복음서를 읽는 동안, 모든 사람이 선다.

32 추가 참고 자료를 보라. 콘스탄스 M. 체리(Constance M. Cherry), 『예배 건축가: 문화에 적절하고 성경에 충실한 예배 디자인 청사진(The Worship Architect: A Blueprint for Designing Culturally Relevant and Biblically Faithful Services)』, (Grand Rapids: Baker Academic, 2010)에 있는 "세 번째 내력벽: 말씀에 대한 대안 응답(The Third Load-Bearing Wall: The Alternative Response to the Word)"

33 역자 주) 호칭기도(라틴어: Litania)는 일종의 탄원기도로서, 사제나 부

제, 성가대 등이 선창하고 회중들이 응답하는 형태의 기도로 크게 두 가지의 형태가 있다. 선창자가 여러 가지 탄원기도를 하면 고정된 기도로 응답하는 형태와 선창자가 선창하는 내용을 그대로 반복하는 형태다. 구약성경에 호칭기도의 전형(시편 118편, 136편, 단 3:51-90)이 나온다.

34 콘스탄스 M. 체리(Constance M. Cherry), 『예배 건축가: 문화에 적절하고 성경에 충실한 예배 디자인 청사진(The Worship Architect: A Blueprint for Designing Culturally Relevant and Biblically Faithful Services)』(Grand Rapids: Baker Academic, 2010).

35 마르시아 맥피(Marcia McFee), 『영화 제작자처럼 생각하라: 기억에 남을 말씀을 위한 감각적으로 풍부한 예배 디자인(Think Like a Filmmaker: Sensory-Rich Worship Design for Unforgettable Messages)』(Truckee: Trokay Press, 2016).

36 노마 드 왈 말레피트와 하워드 반데웰(Norma De Waal Malefyt and Howard Vanderwell), 『Designing Worship Together: Models and Strategies for Worship Planning(예배를 함께 디자인하기: 예배 기획을 위한 모델과 전략)』(Herndon, VA: Alban Institute, 2004).

37 다른 자료들은 제대로 기능하는 음악 팀을 구축하기 위해 경영과 관리의 필수 조건들에 집중한다.

38 이것은 개인 파트가, 특히 가락악기를 위해 쓰일 수 없다는 것은 아니다. 또한 노래집에 들어있는 현대 곡들의 악보들도 쓰일 수 없다는 것도 아니다. 오히려 그것들은 음악을 잘 연주하기 위한 규정보다는 제안으로 여겨야 한다. 곡에 대한 원칙이 아니라 안내를 담고 있다.

39 역자 주) 코드의 구성음을 배치하는 방법으로 같은 코드라도 배치를 달리하거나 생략함에 따라 사운드가 달라진다.

40 역자 주) 한 화음에서 다음 화음으로 나아갈 때, 한 음 또는 여러 음이 화음 밖의 음으로 걸려서 남는 음.

41 이 편곡은 찬송가가 어떻게 더 현대적인 틀에 맞게 변형될 수 있는지에 대한 제안일 뿐이다. 이 찬송가를 더 현대적인 양식으로 느낄 수 있게 편

곡하는 다른 옵션들도 많이 존재한다.

42 "(온 천하 만물) 우러러"와 "(저 은빛 나는 밝은) 달"과 같은 단어들은 하나의 온음표에 붙일 수 있지만, 현대 버전의 실제 음가는 찬송가 버전의 두 배의 길이가 된다.

43 역자 주) '스트러밍'이라고 피크 또는 손톱으로 기타 줄을 촤르릉 쓸어내리면서 화음을 내는 주법을 말한다. 기타의 또 다른 주법은 '아르페지오'라고 하며 스트럼과는 다르게 손가락 하나하나를 이용하여 줄을 하나씩 뜯어 소리를 내는 주법을 말한다. 미국에서는 '아르페지오'보다 '핑거링' 주법이라는 말을 많이 사용한다.

44 역자 주) 저자가 말하는 '음악 인도(musical leading)'는 '예배 인도(worship leading)'과는 조금 다른 의미로 음악이나 악기 연주의 베이스를 가진 음악인들이 예배의 찬양이나 음악 연주와 관련되어 인도하는 것을 의미한다. 이것은 물론 예배 인도자가 기타나 건반을 사용하는 것을 포함해, 작은 오케스트라 인도가 될 수 있으며, 혹은 개인의 연주가 될 수도 있다.

45 내 목표는 찬송가집을 지지하거나 반대하는 것이 아니라 현대 예배에서 그들의 사용이 줄어들면서 성도들이 예배를 접근하는 방법이 달라진다는 것이다. 찬송가가 성도들의 예배를 돕는지 아니면 감쇄하는지에 대한 평가를 위해서는, 마르바 던(Marva Dawn)의 다음 책을 참조하라. 『고귀한 시간낭비: 하나님을 예배함과 세상을 위한 교회됨의 광휘(A Royal Waste of Time: The Splendor of Worshiping God and Being Church for the World)』(Grand Rapids: Eerdmans, 1999), 285–95.

46 이 진술은 음악을 인도하는 사람이 성도들도 해당한다는 것을 가정한다. 이것이 많은 교회의 경우이지만, 리드 싱어가 음악을 조율하는 사람과 다른 사람일 수 없는 이유는 없다. 물론 이것은 추가적인 계획상의 장애물을 가져다주겠지만 그것을 극복하지 못하는 법은 없다.

47 역자 주) 기악이나 성악에서, 음을 상하로 가늘게 떨어 아름답게 울리게 하는 기법. 또는 그렇게 내는 음. 연주상의 한 기교로 쓴다.

48 이것은 곡이 5코드에서 시작하지 않는 것을 가정한다. 이런 경우에는 새로운 키를 잡아주는 것과 같은 어쩌면 더 길고 다른 전환이 필요하다.

49 역자 주) # 3화음(Triad Chord)

1	2	3	4	5	6	7
C	Dm	Em	F	G	Am	Bm-5

C(도미솔) Dm(레파라) Em(미솔시) (파라도) G(솔시레) Am(라도미) Bm-5(시레파)

위에 제시한 7가지의 화음 중 1,4,5번째 화음들을 주요3화음이라 하며, 모든 곡의 가장 중요하고 기본틀이 되는 화음이다. 그리고 나머지 2,3,6,7번째 화음들은 부3화음이라 하여 주요 3화음의 대리화음으로 쓰인다.

* 1도 화음(=으뜸화음. Tonic), 4도 화음(=버금 딸림화음, Sub-Dominant), 5도 화음(=딸림화음, Dominant)

그래서, 화음 진행의 가장 기본은 주요 3화음인 1도 —— 4도 —— 5도 진행이 되는데, 주요 3화음 진행만으로 곡이 만들어지면 너무 단순하고 동요적 느낌이 들기 때문에 주요 3화음을 대신해서 쓸 수 있는 '대리화음'을 사용하여 곡을 더욱 풍성하게 만든다.

1도 화음 대신에 같은 음들이 포함된 —— 3도 Minor(=Em) 와 6도 Minor(=Am) 를 사용하고

4도 화음 대신에 같은 음들이 포함된 —— 2도 Minor(=Dm)를 사용하며,

5도 화음 대신에 같은 음들이 포함된 —— 7도 Minor b5(=Bm-5)를 대신해서 쓸 수 있다.

4화음(7th Chord)

1	2	3	4	5	6	7
CM7	Dm7	Em7	FM7	G7	Am7	Bm7-5

C(도미솔시) Dm(레파라도) Em(미솔시레) (파라도미) G(솔시레파) Am(라도미솔) Bm-5(시레파라)

50 역자 주) 악절이 끊기는 데서 솔로로 하는 반복적인 즉흥 연주.

51 이것은 트웨인의 재치에 대한 위작일 수 있다. 이 인용구의 정확한 출처는 찾을 수 없지만, 인터넷에 출처에 대한 의견이 허다하다.

52 역자 주) 저자는 각 기도문의 첫 모음을 따서 기도하는 양식을 '모음 기도'라 부르고 있다.

53 위대한 자료인 제프 바커(Jeff Barker)의 『The Storytelling Church: Adventures in Reclaiming the Role of Story in Worship(스토리텔링 교회: 예배에서 이야기의 역할을 되찾는 모험)』, (Cleveland: Webber Institute Books, 2011)을 보라. 추가로 저자의 노스웨스턴 대학 연극 사역의 다양한 유튜브 영상과 함께 '로버트 E. 웨버 예배대학원(the Robert E. Webber Institute for Worship Studies)'에서 성경 말씀을 다루는 다양한 방식을 참고하라.

54 설교에서 어떻게 빠져나오는지에 대해서는 콘스탄스 M. 체리(Constance M. Cherry)의 『예배 건축가: 문화에 적절하고 성경에 충실한 예배 디자인 청사진(The Worship Architect: A Blueprint for Culturally Relevant and Biblically Faithful Services)』 (Grand Rapids: Baker Academic, 2010)를 보라. 7장은 성찬식을 거행하지 않을 때 활용할 수 있는 성경말씀에 대한 다양한 응답에 대해 다룬다.

55 아일린 D. 크라울리(Eileen D. Crowley), 『미디어 문화를 위한 예전의 예술(Liturgical Art for a Media Culture)』 (Collegeville: Liturgical Press, 2007), 18-36.

56 마크 체이브스(Mark Chaves)와 앨리슨 이글(Alison Eagle), 『21세기 미국의 종교적 성도들(Religious Congregations in 21stCentury America)』 (Durham: National Congregations Study, 2015), 35, 50.

57 마이클 G. 바우쉬(Michael G. Bausch), 『은막, 신성한 이야기: 예배에서 멀티미디어를 이용하기』 (Herndon: Alban Institute, 2002), 1-20. 릭 블랙우드(Rick Blackwood), 『다감각의 설교와 가르침의 힘(The Power of Multi-Sensory Preaching and Teaching)』, (Grand Rapids: Zondervan, 2008), 13-87. 아일린 D. 크라울리(Eileen D. Crowley), 『움직이는 말

씀: 예배에서의 미디어 예술(A Moving Word: Media Art in Worship)』, (Minneapolis: Augsburg Fortress, 2006). 같은 저자의 『예전의 예술(Liturgical Art)』, 37-53; 리처드 A. 젠슨(Richard A Jensen), 『말씀을 상상하기: 시각적 이미지를 설교에서 이용하기(Envisioning the Word: The Use of Visual Images in Preaching)』, (Minneapolis: Fortress Press, 2005), 5-13, 78-88. 스티븐 프록터(Stephen Proctor), 『비추어라: 시각적 예배를 인도하기(Illuminate: Leading Visual Worship)』, (https://illuminate.us/books). 쿠엔틴 J. 슐츠(Quentin J. Schultze), 『하이테크 예배란?: 프레젠테이션을 기술적으로 현명하게 사용하기(High-Tech Worship?: Using Presentational Technologies Wisely)』, (Grand Rapids: Baker Books, 2004), 51-76. 렌 윌슨(Len Wilson)과 제이슨 무어(Jason Moore), 『접속된 교회 2.0(The Wired Church 2.0)』 (Nashville: Abingdon Press, 2008), 29-38.

58 크라울리(Crowley), 『예전의 예술(Liturgical Art)』, 66-77.
59 블랙우드(Blackwood), 『다감각의 설교와 가르침의 힘(Power of Multi-Sensory Preaching)』, 40-58.
60 슐츠(Schultze), 『하이테크 예배(High-Tech Worship)』, 12.
61 역자 주) 이 단어의 원어는 'visual liturgists'다. 직역하면 '영상 예배 담당자'이거나 '영상 집례자'다. 전체적인 맥락에서 한국교회에서 지칭하는 보통의 단어인 '영상 담당자'로 번역했음을 알린다.
62 윌슨(Wilson)과 무어(Moore), 『접속된 교회 2.0(The Wired Church 2.0)』, 22.
63 더 많은 유용한 정보를 위해 다음을 참고하라. 제이슨 무어(Jason Moore)와 렌 윌슨(Len Wilson), 『디자인의 중요성: 예배를 위해 강력한 심상을 만들기(Design Matters: Creating Powerful Imagery for Worship)』 (Nashville: Abingdon Press, 2006), 23-31.
64 역자 주) 일직선에 세 개를 먼저 놓으면 이기는 게임(다섯 개는 오목)
65 그래픽 안에서 이미지를 어떻게 배치해야 되는지에 대한 상세한 설명

을 위해서는 참고하라, 무어(Moore)와 윌슨(Wilson), 『디자인의 중요성(Design Matters)』, 43-48.

66 최상의 서체를 선택하는 방법에 대한 상세한 설명을 위해서는 참고하라, 무어(Moore)와 윌슨(Wilson), 『디자인의 중요성(Design Matters)』, 77-85.

67 글자의 배치에 대한 더 많은 유용한 정보를 위해 참고하라, 프록터(Proctor), 『안내서(Guidebook)』, 15.

68 예배의 공간에서 스크린의 적당한 사이즈와 배치를 결정하는 방법을 위해서는 다음을 참고하라, 바우쉬(Bausch), 『은막(Silver Screen)』, 100-03. 크라울리(Crowley), 『움직이는 말씀(A Moving Word)』, 34-7. 윌슨(Wilson)과 무어(Moore), 『접속된 교회 2.0(The Wired Church 2.0)』, 143.

69 색채 상징성과 그것이 예전의 행동들에 어떤 영향을 끼치는지에 대한 더 많은 정보를 위해 참고하라, 무어(Mooe)와 윌슨(Wilson), 『디자인의 중요성((Design Matters)』, 61-63. 프록터(Proctor), 『안내서(Guidebook)』, 18.

70 확실한 것은, RGB(빨강, 초록, 파랑) 색상 모델은 빨강, 초록, 그리고 파랑 빛이 합쳐서 다양한 색을 형성하는 것을 설명해주는 첨가 색상 모델이다. 디자이너들은 RGB 모델을 색광을 섞을 때 사용하는 반면에 RYB(빨강, 노랑, 파랑) 모델은 물감으로 그림을 그릴 때 자주 사용된다. 하지만, RGB 모델의 과학적 정확성에도 불구하고, 대부분의 사람들은 초등학교에서 RYB 색상환(color wheel)을 배우게 된다. 편의상 나는 더 익숙한 색상환을 이 논의에서 사용하겠다. 하지만 색 이론에 대해 더 높은 지식을 갖고 있는 독자들은 같은 원칙을 RGB 모델에 적용해서 더 다양한 조화로운 색채 조합을 성취할 수 있다.

71 색의 조화와 그래픽 디자인에서 그것을 어떻게 이루는지에 대한 구체적인 대화를 위해서는 참고하라, 무어(Moore)와 윌슨(Wilson), 『디자인의 중요성((Design Matters)』, 65-69.

72 크라울리(Crowley), 『예전의 예술(Liturgical Art)』, 89-102. 같은 저자의, 『움직이는 말씀(A Moving Word)』, 20-21, 79-88.

73 이 장에서 영상 제작에 대한 더 충분한 설명을 하기에는 공간이 부족하다. 간략하고 통찰력 있는 설명을 위해서는 참고하라, 윌슨(Wilson)과 무어(Moore), 『접속된 교회 2.0(The Wired Church 2.0)』, 71-76.

74 바우쉬(Bausch), 『은막(Silver Screen)』, 87-8. 윌슨과 무어, 『접속된 교회 2.0(The Wired Church 2.0)』, 68-69.

75 일정한 방향과 전환에 대한 통찰력 있는 조언을 준 스티븐 프록터(Stephen Proctor)에게 감사를 표한다. 프록터, 『안내서(Guidebook)』, 15.

76 윌슨(Wilson)과 무어(Moore), 『디자인의 중요성(Design Matters)』, 104-6.

77 이것은 "칼빈 기독교 예배 연구소(the Calvin Institute of Christian Worship)"에서 예배에 대해 가르치고 토론할 때 가장 많이 사용되는 방법이다.

78 역자 주) 에큐메니칼적 관점에서 여러 교회와 교단은 1972년 "교회일치를 위한 협의회(COCU-Consultation on Church Union)"를 조직하였고, 그 산하에 "공동본문 위원회(CCT-Consultation on Common Texts)"를 두어 모든 교단들이 수용할 수 있는 교회력과 성서정과를 만들 것을 결의했다. 그 결과 위원회는 1978년부터 5년간에 걸친 연구 끝에 1983년 "공동성서정과(Common Lectionary)"를 만들게 되었다. 그리고 그 후에 9년이라는 실험의 기간을 거친 후 지난 1992년에 드디어 완결판이라고 할 수 있는 "개정판 공동성서정과"(The Revised Common Lectionary)를 만들게 된다. 현재 이 '개정판 공동 성서정과'는 전 세계의 다양한 교단의 교회에서 가장 보편적으로 사용되고 있다.

79 이렇게 묘사를 함으로서, '봉헌 기도(위대한 감사)'가 현대 예배에 적합하고 자연스러워 보이지 않을까?